教育部职业教育与成人教育司推荐教材
中等职业学校汽车运用与维修专业教学用书

中等职业院校汽车运用与维修专业技能型紧缺人才培养培训教材

Qiche Renshi Shixun
汽车认识实训

（第二版）

宋麓明　主　编
石昊昱　副主编
杨维和　主　审

人民交通出版社股份有限公司
China Communications Press Co.,Ltd.

内 容 提 要

本书是教育部职业教育与成人教育司推荐教材，也是中等职业院校汽车运用与维修专业技能型紧缺人才培养培训教材，依据教育部颁布的《中等职业院校汽车运用与维修专业技能紧缺人才培养培训指导方案》以及国家和交通行业职业标准编写而成。

本书内容主要包括：预备知识，汽车总体结构认识实训，发动机曲柄连杆机构、配气机构认识实训，汽油机燃料系认识实训，机械控制式柴油机燃料供给系认识实训，发动机点火系、起动系、冷却系、润滑系的认识实训，汽车传动系认识实训，汽车行驶系认识实训，汽车转向系认识实训，制动系认识实训，共计10个项目。

本书是中等职业院校汽车运用与维修等专业的教材，亦可供相关专业人员学习参考。

图书在版编目(CIP)数据

汽车认识实训 / 宋麓明主编. —2版. —北京：人民交通出版社股份有限公司，2015.9

ISBN 978-7-114-12394-8

Ⅰ.①汽… Ⅱ.①宋… Ⅲ.①汽车—中等专业学校—教材 Ⅳ.①U46

中国版本图书馆CIP数据核字(2015)第161067号

书　　名：汽车认识实训(第二版)
著 作 者：宋麓明
责任编辑：闫东坡
出版发行：人民交通出版社股份有限公司
地　　址：(100011)北京市朝阳区安定门外外馆斜街3号
网　　址：http://www.ccpress.com.cn
销售电话：(010)59757973
总 经 销：人民交通出版社股份有限公司发行部
经　　销：各地新华书店
印　　刷：北京市密东印刷有限公司
开　　本：787×1092　1/16
印　　张：4.5
字　　数：148千
版　　次：2005年6月　第1版
　　　　　2015年9月　第2版
印　　次：2019年10月　第4次印刷　累计第13次印刷
书　　号：ISBN 978-7-114-12394-8
定　　价：12.00元
(有印刷、装订质量问题的图书由本公司负责调换)

交通职业教育教学指导委员会
汽车运用与维修专业指导委员会

第二版前言

为深入贯彻《国务院关于加快发展现代职业教育的决定》以及教育部等六部委《关于实施职业院校制造业和现代服务业技能型紧缺人才培养培训工程的通知》精神，积极推进课程改革和教材建设，为中等职业教育教学提供更加丰富和多样化的实用教材，适应经济发展、产业升级和技术进步，满足交通运输业科学发展的需要。人民交通出版社股份有限公司组织全国交通职业院校的专业教师，按照“专业设置与产业企业岗位需求对接、课程内容与职业标准对接、教学过程与生产过程对接，明显提升职业院校毕业生就业质量”的要求，依据教育部颁布的《中等职业院校汽车运用与维修专业领域技能型紧缺人才培养培训指导方案》，对教育部职业教育与成人教育司推荐教材进行了再版修订，供全国中等职业院校汽车运用与维修等专业教学使用。

此次再版修订教材符合国家对技能型紧缺人才培养培训工作的需要，体现了中等职业教育的特色，教材特点如下：

1.“以服务发展为宗旨，以促进就业为导向”，加强文化基础教育，强化技术技能培养，符合高素质中、初级汽车专业实用人才培养的需求；

2.总结近几年教学改革经验，教材修订符合中等职业院校学生的认知规律，注重知识的实际应用和对学生职业技能的训练，符合中职院校教学与培训的需要；

3.依据最新国家及行业标准，剔除第一版教材中陈旧过时的内容，教材修订量在20%以上，反映了新知识、新技术、新工艺。

《汽车认识实训》是汽车运用与维修专业课程之一，教材主要内容包括：预备知识，汽车总体结构认识实训，发动机曲柄连杆机构、配气机构认识实训，汽油机燃料系认识实训，机械控制式柴油机燃料供给系认识实训，发动机点火系、起动系、冷却系、润滑系的认识实训，汽车传动系认识实训，汽车行驶系认识实训，汽车转向系认识实训，制动系认识实训，共计10个项目。云南交通职业技术学院宋麓明担任主编，云南交通职业技术学院石昊昱担任副主编，云南交通职业技术学院杨维和担任主审。编写分工为：宋麓明编写了项目2、项目4、项目6、项目9、项目10，石昊昱编写了项目1、项目3、项目5、项目7、项目8。

限于编者经历和水平，教材内容难以覆盖全国各地中等职业院校的实际情况，希望各学校在选用和推广本系列教材的同时，注重总结教学经验，及时提出修改意见和建议，以便再版修订时改正。

编　者

2015年5月

目　录

项目1　预备知识 …… 1
一、通用工具 …… 1
二、专用工具 …… 4
项目2　汽车总体结构认识实训 …… 6
一、相关知识 …… 6
二、实训组织 …… 10
三、实训准备 …… 10
四、安全注意事项 …… 10
五、实训内容 …… 10
六、工作步骤 …… 11
七、学习成果 …… 14
项目3　发动机曲柄连杆机构、配气机构认识实训 …… 15
一、相关知识 …… 15
二、实训组织 …… 20
三、实训准备 …… 20
四、安全注意事项 …… 21
五、实训内容 …… 21
六、工作步骤 …… 21
七、学习成果 …… 23
项目4　汽油机燃料系认识实训 …… 24
一、相关知识 …… 24
二、实训组织 …… 25
三、实训准备 …… 25
四、安全注意事项 …… 26
五、实训内容 …… 26
六、工作步骤 …… 26
七、学习成果 …… 31
项目5　机械控制式柴油机燃料供给系认识实训 …… 32
一、相关知识 …… 32
二、实训组织 …… 34
三、实训准备 …… 34
四、安全注意事项 …… 35
五、实训内容 …… 35
六、工作步骤 …… 35
七、学习成果 …… 35

项目6　发动机点火系、起动系、冷却系、润滑系的认识实训 …… 36
一、相关知识 …… 36
二、实训组织 …… 39
三、实训准备 …… 39
四、安全注意事项 …… 40
五、实训内容 …… 40
六、工作步骤 …… 40
七、学习成果 …… 40
项目7　汽车传动系认识实训 …… 41
一、相关知识 …… 41
二、实训组织 …… 47
三、实训准备 …… 47
四、安全注意事项 …… 47
五、实训内容 …… 48
六、工作步骤 …… 48
七、学习成果 …… 49
项目8　汽车行驶系认识实训 …… 50
一、相关知识 …… 50
二、实训组织 …… 54
三、实训准备 …… 54
四、安全注意事项 …… 54
五、实训内容 …… 54
六、工作步骤 …… 54
七、学习成果 …… 54
项目9　汽车转向系认识实训 …… 55
一、相关知识 …… 55
二、实训组织 …… 57
三、实训准备 …… 57
四、安全注意事项 …… 57
五、实训内容 …… 57
六、工作步骤 …… 57
七、学习成果 …… 59
项目10　制动系认识实训 …… 60
一、相关知识 …… 60
二、实训组织 …… 63
三、实训准备 …… 63
四、安全注意事项 …… 64
五、实训内容 …… 64
六、工作步骤 …… 64
七、学习成果 …… 65
参考文献 …… 66

项目1 预备知识

学习目标

1. 认知实训常用工具与设备；
2. 会使用与维护实训常用工具与设备。

一、通用工具

1 扳手

1)开口扳手(图1-1)

开口扳手是汽车拆装中最常用的工具之一。对于标准规格的螺栓螺母均可使用该扳手紧固和拆卸,该扳手两头分别为不同尺寸,常用的规格尺寸有8~10mm、9~11mm、12~14mm、13~15mm、14~17mm、17~19mm、21~23mm、22~24mm等。

使用方法:根据螺栓螺母尺寸选用合适规格的开口扳手,将扳手的开口垂直或水平插入螺栓或螺母头部,将扳手较厚的一边置于受力大的一侧,扳动扳手时应将扳手手柄往身边拉,切不可向外推,以免将手碰伤。

2)梅花扳手(图1-2)

梅花扳手也是汽车拆装中最常用的工具之一,它与开口扳手用途相似,但两头是12边花环形,可将螺栓螺母套住,扳转时螺母受力均匀,扭转力矩大,工作可靠,不易滑脱。

使用方法:根据螺栓螺母尺寸选用合适规格的梅花扳手,将扳手垂直套入螺栓或螺母头部,扳转时手势与开口扳手相同。

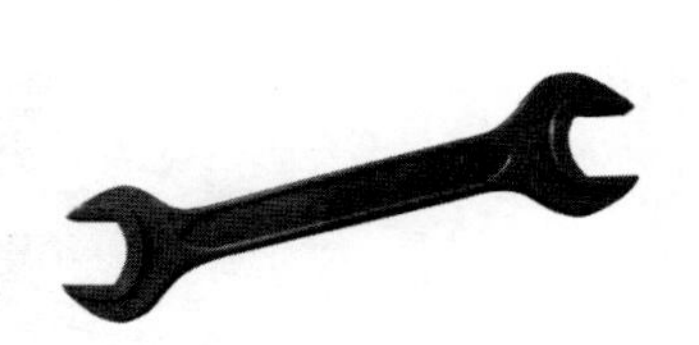

图1-1 开口扳手

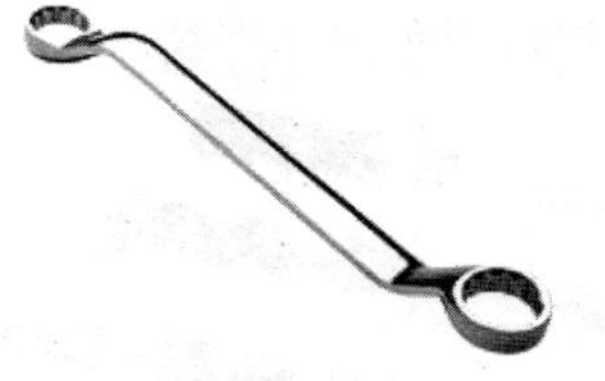

图1-2 梅花扳手

3)套筒扳手(图1-3)

套筒扳手由一套不同规格的套筒和接杆、棘轮手柄、弓形快速摇柄等组成,对标准规格的螺栓螺母均可使用。套筒扳手可以根据需要任意组合,既适合一般部位螺栓螺母的拆装,也适合深凹部位和隐蔽狭小部位螺栓螺母的拆装,有拆装速度快的特点,是使用最方便的工具之一。

使用方法:根据螺栓螺母尺寸选用合适规格的套筒,将套筒套在快速摇柄的方形头上(视需要可连接接杆使用,也可将套筒套在棘轮手柄上使用),再将套筒套住螺栓或螺母,左手握住快速摇柄上方以保持套筒与螺栓或螺母垂直,右手转动摇柄进行紧固和拆卸(图1-4)。

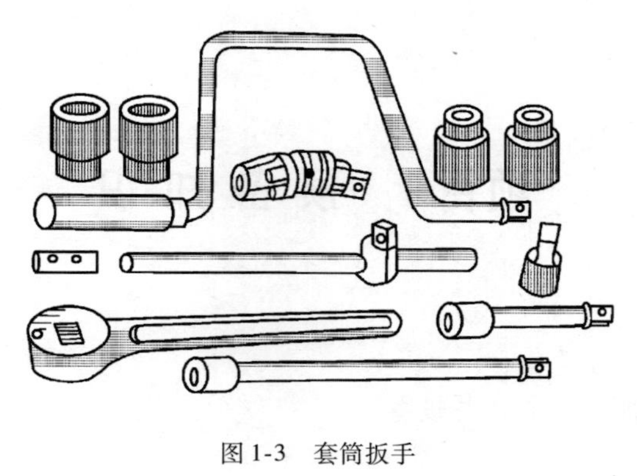

图1-3　套筒扳手

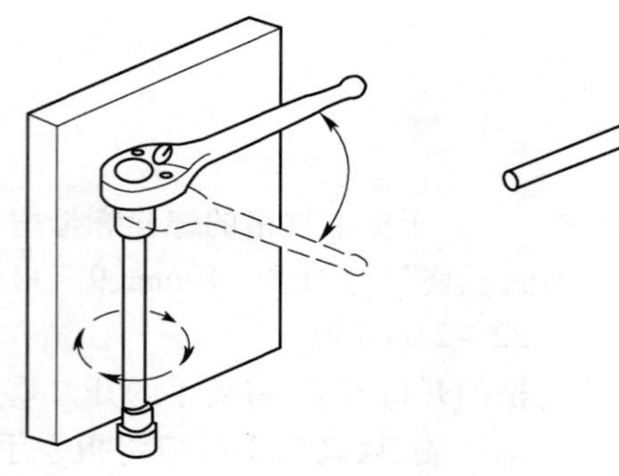

图1-4　套筒扳手的使用

4)扭力扳手(图1-5)

扭力扳手一般用于有规定拧紧力矩的螺栓或螺母的拆装,在拧紧时指针可以指示出拧紧力矩的数值,使用时与套筒相配合。

使用方法:根据螺栓螺母尺寸选用合适规格的套筒,将套筒套在扭力扳手的方芯上,再将套筒套住螺栓或螺母。用左手把住套筒,右手紧握扭力扳手手柄,往身边扳转。拧紧螺栓螺母时,不能用力过猛,以免损坏螺纹。

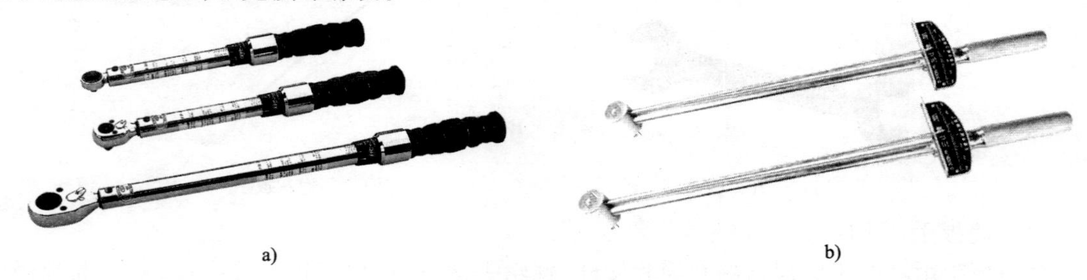

a)　　　　b)

图1-5　扭力扳手

a)预调式扭力扳手;b)指针式扭力扳手

5)活动扳手(图1-6)

活动扳手的开口在一定范围内任意可调,一般用于不同尺寸的非标准螺栓、螺母的拆装。使用中,一般应尽量使用开口或梅花扳手。不得以使用活动扳手时,一定要调整好开口的尺寸,使其与螺栓棱角很好配合,并小心使用,以防损坏螺栓。

使用方法:根据螺栓螺母的尺寸,先调好活动扳手的开口大小,使之与螺栓螺母的大小一致。将扳手固定部分置于受力大的一侧,垂直或水平插入螺栓头部。使用时,应使固定部分朝向受力的方向,以免损坏螺栓的棱角和扳手。不准在扳手手柄上随意加套管或锤击。

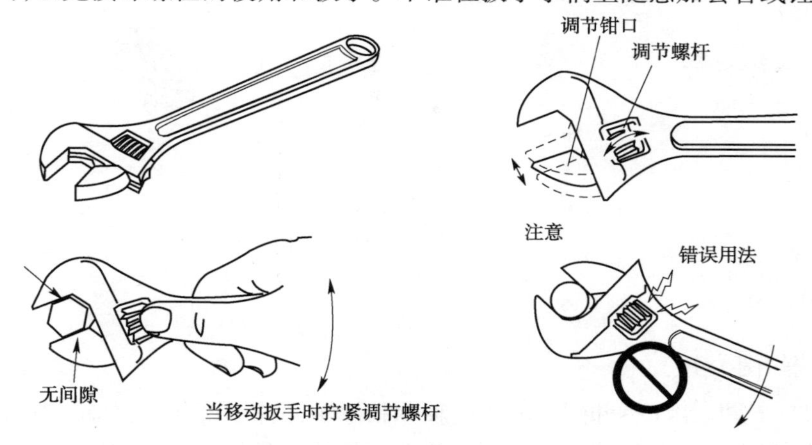

图1-6　活动扳手

2 螺丝刀(图1-7)

螺丝刀又称螺钉旋具或起子,通常用于螺钉的拆装。常用的有一字形、十字形和梅花头三种,根据其长度不同,也有多种不同的规格。

使用方法:应根据螺钉形状大小选用合适的螺丝刀。使用时手心应顶住柄端,并用手指旋转螺丝刀手柄;如使用较长的螺丝刀,左手应把住螺丝刀的前端;使用螺丝刀时不可偏斜;扭转的同时,施加一定压力,以免脱落。

3 钳子(图1-8)

汽车拆装中常用的钳子是鲤鱼钳和尖嘴钳。一般用于切断金属丝、夹持或弯曲小零件。

使用方法:根据需要选用尖嘴钳或鲤鱼钳,用手握住钳柄后端,使钳口闭合夹紧工件。

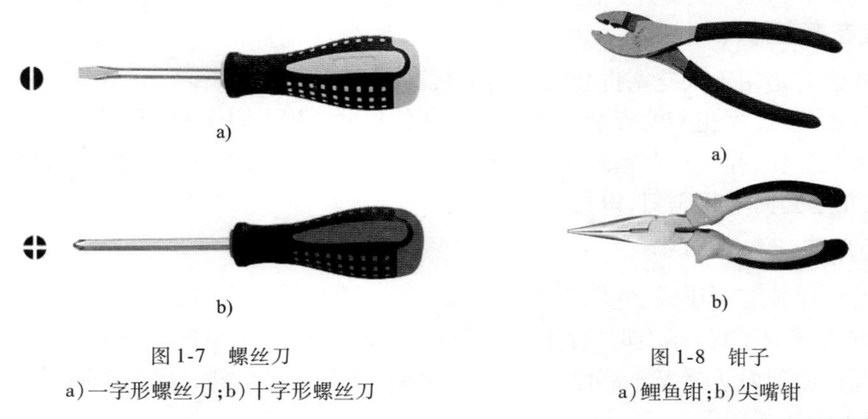

图1-7　螺丝刀

a)一字形螺丝刀;b)十字形螺丝刀

图1-8　钳子

a)鲤鱼钳;b)尖嘴钳

4 锤子(图1-9)

按锤头的形状分有圆头、扁头和尖头三种锤子。按锤子材料分有铁锤、木锤和橡胶锤等。锤子主要用来敲击物件,铁锤用于粗重物体和需要重击的地方,木锤和橡胶锤则用于表面要求较高和容易损坏的零件,二者的使用应视情况而定。

使用方法:使用时,右手握紧锤头后端 10cm 处,眼睛注视工件;击锤方法可以用腕挥、肘挥或臂挥,根据用力程度选择。

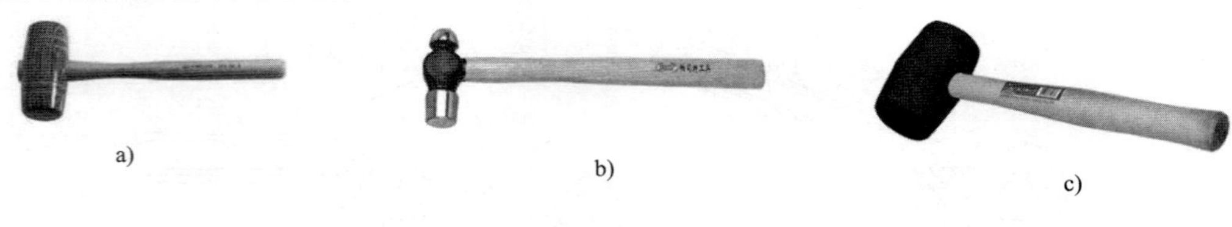

a)　　b)　　c)

图 1-9　锤子

a)木锤;b);铁锤;c)橡胶锤

二、专用工具

1 顶拔器(图 1-10)

顶拔器又叫拉机,用于拆卸配合较紧的轴承和齿轮,由拉爪、座架、丝杆、手柄等组成。

使用方法:根据轴端与被拉工件的距离转动顶拔器的丝杆,至丝杆顶端顶住轴端,拉爪钩住工件的边缘,然后慢慢转动丝杆将工件拉出。顶拔器工作时,其中心线应与被拉工件轴线保持同轴,以免损坏顶拔器。

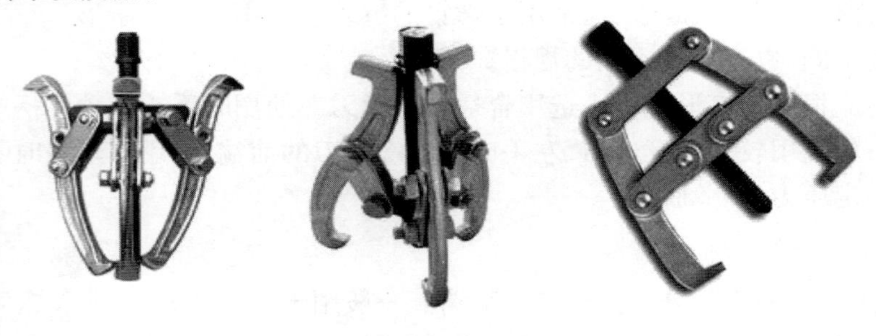

图 1-10　顶拔器

2 火花塞套筒(图 1-11)

火花塞套筒是用于火花塞拆装的专用工具。

使用方法:根据火花塞的安装位置和火花塞的尺寸,选用不同高度和径向尺寸的火花塞套筒。对正火花塞孔,并与火花塞六角套接可靠,用力转动套筒,使火花塞旋入或旋出。拆装火花塞时,火花塞套筒不得歪斜,以免套筒滑脱。

3 千斤顶(图 1-12)

常用的千斤顶有液压式、气压式和机械式三种。千斤顶一般用于举升汽车。

使用方法:(液压式)举升时,拧紧千斤顶油压开关;将千斤顶置于车底支车部位;转动调节千斤顶螺杆使顶面接近支车部位;缓慢压动手柄,逐渐支起车辆。放下车辆时应缓缓松开油压开关,使车辆缓缓落下。

注意事项:支车前应用三角木将车轮塞好,以防汽车滑溜;地面要硬实,千斤顶的顶柱与被顶端面应保持垂直;千斤顶举升后最好用其他支撑物将车辆架好,使千斤顶支顶卸荷,才可进行车下作业,千斤顶液压油不可用其他油液代替。

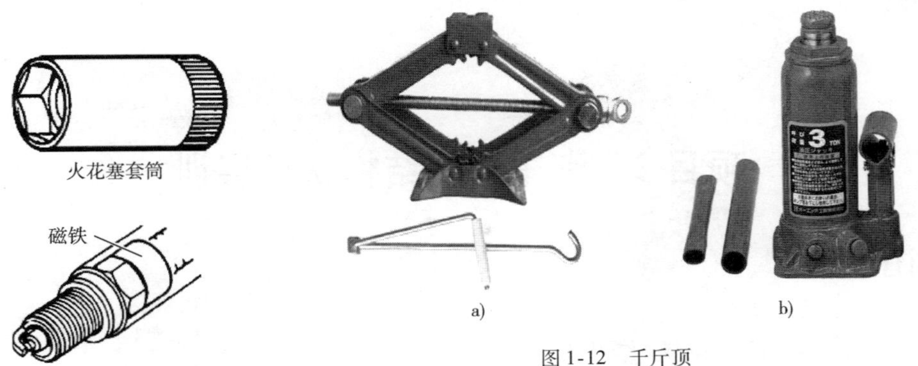

图1-11 火花塞套筒

图1-12 千斤顶

a)机械式千斤顶;b)液压式千斤顶

4 双柱式液压汽车举升机

汽车举升机用于车辆整车的举升。双柱式液压汽车举升机(图1-13)主要由主动立柱、被动立柱、四只托臂及撑脚、操纵杆、两只保险手柄等组成。

使用方法:车辆进入时,四只托臂处于最低位置,同一立柱上的二条托臂张至最大角度,托臂缩至最短;汽车驶入工位,尽量使汽车重心位于两立柱之间。举升时,调整托臂长度并锁上锁止机构,选好托举为止,调整撑脚高度;轻轻上推操纵杆,使车辆徐徐上升,至适当高度后松开操纵杆,然后将被动立柱上的保险手柄置于“工作位置”;下降时,将被动立柱上的保险手柄置于“下降位置”,左手转动并按住主动立柱上的保险手柄,同时用右手拉下操纵杆,车辆下降至适当高度后松开操纵杆。特别应注意的是,在上升和下降过程中,必须保证车下无人和物。

5 发动机翻身架(图1-14)

发动机翻身架由座架、蜗轮蜗杆减速器、凸缘盘、手轮等组成。发动机翻身架可使发动机作180°翻转,以方便拆装。

使用方法:将发动机安装在发动机翻身架上,并使重心尽量靠近发动机翻身架转轴中心。使用时根据需要慢慢摇转手轮,使发动机翻转到合适的位置。

图1-13 双柱液压汽车举升机

图1-14 发动机翻身架

项目2　汽车总体结构认识实训

学习目标

1. 认识汽车的基本结构；
2. 了解汽车各部分的组成、作用及特点；
3. 了解汽车各部分的安装位置和连接关系；
4. 了解轿车、货车及越野车的共同点及区别。

相关知识

1 汽车的组成

汽车通常由发动机、底盘、车身、电气设备四个部分组成。

轿车、货车的各组成部分如图2-1、图2-2所示。

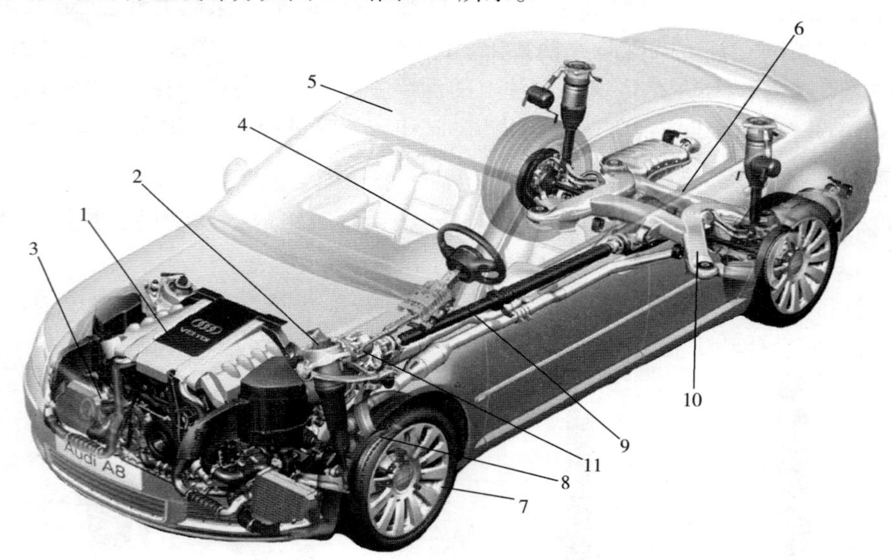

图2-1　轿车总体结构

1-发动机;2-悬架;3-空调;4-转向盘;5-车身;6-后梁;7-驱动转向轮;8-制动器;9-传动轴;10-副车架;11-变速器

2 发动机的作用及组成

1)发动机的作用

发动机是汽车的动力装置,其作用是将供入的燃料燃烧产生的热能转换为机械能,推动汽车行驶。目前大多数汽车使用往复活塞式内燃机,通常使用汽油或柴油作为燃料。

2)发动机外形

发动机外形如图2-3所示,发动机内部结构如图2-4所示。

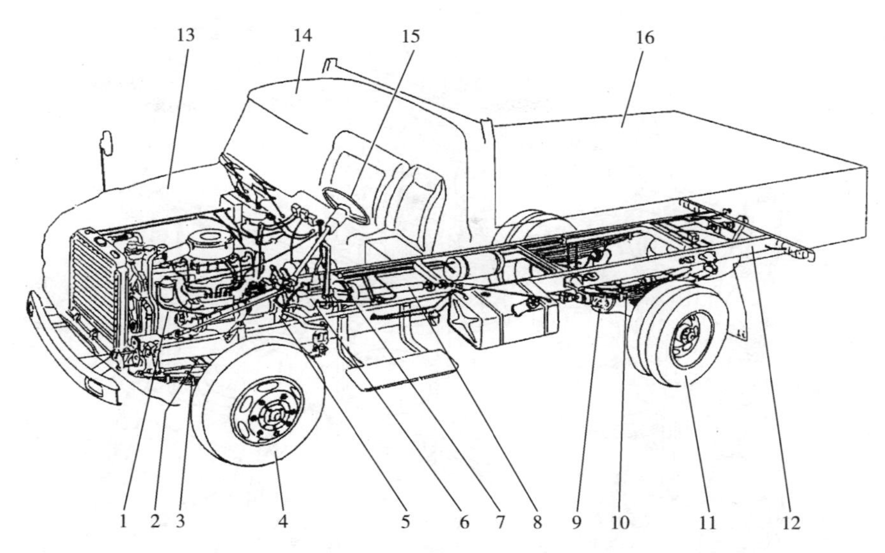

图2-2 货车总体结构

1-发动机;2-前轴;3-前悬架;4-转向车轮;5-离合器;6-变速器;7-驻车制动器;8-传动轴;9-驱动桥;10-后悬架;11-驱动车轮;12-车架;13-车前钣制件;14-驾驶室;15-转向盘;16-车厢

图2-3 汽车发动机外形

a)轿车发动机;b)货车发动机

3)发动机的组成

发动机由两大机构五个系统所组成。

曲柄连杆机构——把作用在活塞顶上的燃气压力转变成曲轴的转矩输出。

配气机构——按发动机工作循环需要定时开闭进排气门。

燃料供给系——按发动机工况要求,准确计量空气燃油混合比,并将可燃混合气送入气道或汽缸,将燃烧废气排入大气。

冷却系——使发动机保持在最适宜的温度范围内工作。

润滑系——润滑发动机各部件以减少发动机内部摩擦。

点火系——点燃汽油机可燃混合气(汽油机)。

起动系——起动发动机。

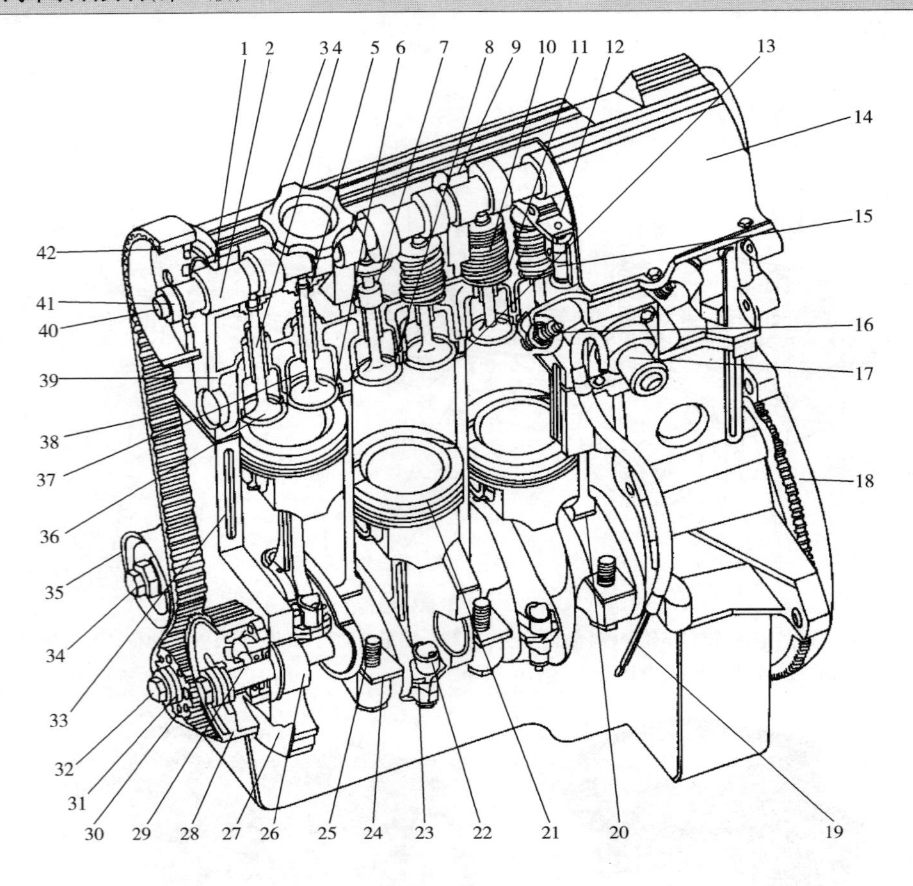

图 2-4　发动机结构

1-凸轮轴-前油封总成;2-凸轮轴;3-加机油盖总成;4-排气门导管;5-进、排气门弹簧座;6-进气门座;7-气门导管-油封;8-排气门座;9-凸轮轴-轴承盖;10-气门弹簧;11-气门弹簧座片;12-气门摇臂总成;13-汽缸垫总成;14-汽缸盖罩盖总成;15-气门间隙调节器总成;16-火花塞总成;17-调温器出水口-管接头;18-飞轮齿环总成;19-油标尺总成;20-曲轴主轴承轴瓦;21-活塞;22-连杆螺栓;23-连杆总成;24-曲轴主轴承盖;25-主轴承螺栓;26-中间轴前轴套;27-曲轴;28-中间轴正时带轮;29-中间轴;30-曲轴正时带轮;31-曲轴正时轮螺栓垫圈;32-曲轴正时带轮螺栓;33-汽缸体;34-张紧轮组合螺栓;35-张紧轮总成;36-排气门;37-进气门;38-正时齿带;39-汽缸盖总成;40-凸轮轴正时带轮螺栓垫圈;41-凸轮轴正时带轮螺栓;42-凸轮轴正时带轮

❸ 底盘的作用及组成

1)底盘的作用

底盘的作用是接受发动机的动力,使汽车产生运动,并保证汽车按驾驶人的操纵正常行驶。

2)底盘的组成(图 2-5)

底盘由四个系统所组成。

传动系——将发动机的动力传给车轮。一般由离合器、变速器、传动轴、主减速器、差速器、半轴及桥壳等部件组成。

行驶系——将汽车各总成及部件连成一个整体并对全车起支撑作用,以保证汽车正常行驶。行驶系包括车架、悬架、车桥和车轮等部件。

转向系——操纵汽车,保证汽车按驾驶人选择的方向行驶。由用转向盘控制的转向器和转向传动装置组成。

制动系——操纵汽车,使汽车减速或停车,并保证汽车在驾驶人离开后能可靠的停驻。由供能装置、控制装置、传动装置和制动器组成,一般汽车都有若干相互独立的制动系统。

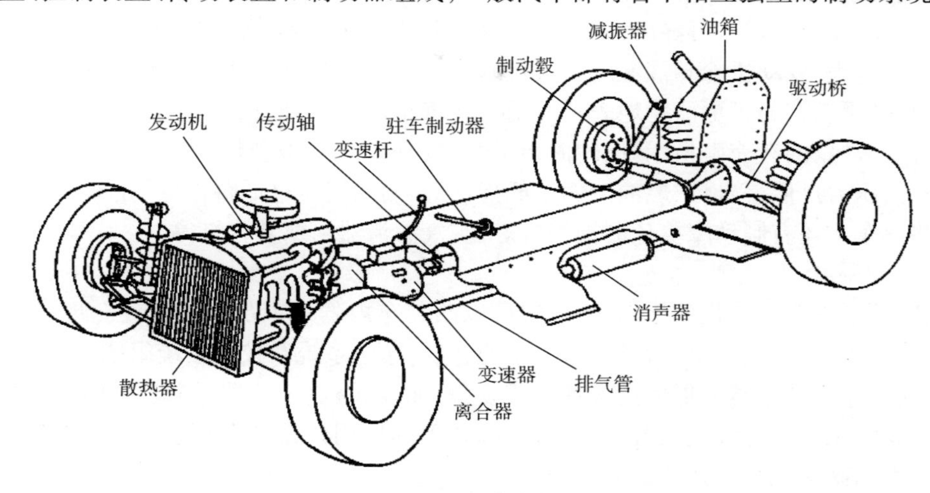

图2-5　汽车底盘

❹ 车身的作用及组成

1)车身的作用

车身是驾驶人的工作场所,也是装载乘客或货物的场所。车身为驾驶人提供方便的操作条件,为乘客提供舒适安全的环境以及保证货物完好无损。

2)车身的组成

客车的车身一般为整体式,而货车的车身则分为驾驶室和货厢两部分。

❺ 电气设备的作用及组成

1)电气设备的作用

电气设备的作用是为汽车上所有用电装置提供电源。

2)电气设备的组成

电气设备由电源、发动机起动系和点火系、照明和信号装置、空调装置等组成。汽车上的电源由蓄电池与发电机并联组成。

3)发电机工作时间

在发动机工作时,由发动机带动发电机产生电能,向用电设备供电,并向蓄电池充电。

4)蓄电池工作时间

在发动机起动时,发电机电压低或不发电时由蓄电池提供电源。

5)照明系统的作用

照明系统的作用是保证汽车在能见度低的情况下安全行驶。汽车上常配有以下照明灯具:前照灯(或大灯)、倒车灯、牌照灯、雾灯、仪表灯、顶灯、开关灯等。

6)信号装置

汽车上信号装置的作用是通过声响和灯光向其他车辆的驾驶人和行人发出警告,以引起注意,保证行驶安全。汽车上信号有:声响信号、灯光信号(转向信号、制动信号、危险警告信号、示廓信号)。

7)仪表装置

为了使驾驶人能随时了解汽车的行驶情况和发动机的工作情况,以便正确使用汽车,提高行车安全,及时发现和排除可能出现的故障,汽车上都装有多种仪表。传统的汽车仪表有车速里程表、燃油量表、发动机冷却液温度表、机油压力表、发动机转速表和电流表,使用气压制动的汽车还有气压表。为了更清楚地表示发动机和汽车的工作情况,通常还有各种指示灯配合仪表的工作。常用的有充电指示灯、转向指示灯、发动机故障报警灯、发动机冷却液温度过高警告灯、机油压力过低警告灯、燃油液面过低指示灯、制动气压过低警告灯、驻车制动器未松警告灯,一些汽车上还有制动摩擦片磨损警告灯、空气滤清器堵塞警告灯等。

8)汽车空调

汽车空调是汽车现代化的标志之一,它可以改善车内驾乘人员的舒适性。现代汽车全功能的空调系统由制冷系统、供暖系统、通风系统、空气净化系统及控制系统组成。

在现代汽车上越来越多地使用各种电子设备,如发动机、变速器、制动系等的电子控制单元,中央计算机系统及各种人工智能装置,这些装置的使用使得汽车更安全、更舒适、更节能、更环保,大大提高了汽车的各项性能。

二、实训组织

本实训所用学时为6,分组进行实训每组不超过10人。

三、实训准备

本实训准备轿车、货车各一辆,拆卸通用、专用工具各两套,以及举升机、发动机专用吊车等。

四、安全注意事项

(1)必须穿好工作服,带好防护眼睛;

(2)使用千斤顶时,在千斤顶底部放一块厚木块,举升时,操作人员应在汽车的外侧,严禁用砖块等易碎物支垫千斤顶或车辆;

(3)拆下车轮前应先用搁车凳分别支好车架前端和后端,如不拆下轮胎,则先用三角木塞住四个车轮,以确保汽车在拆卸过程中不会移动;

(4)用举升机时应注意以下几点:将车移到举升机上,使汽车的重心落在举升机两立柱中间,举升时,支撑点一定要落在厂家规定的支撑部位;

(5)当进行与汽车电器系统有关的拆卸时,应将蓄电池的负极线断开,以防由于短路而引起火灾;

(6)拆卸蓄电池时,应小心轻放,不能倾倒,以免电解液漏出;

(7)不得使水、油等污染场地,拆卸结束后应及时清理场地。

五、实训内容

(1)观察了解发动机、传动系、行驶系、转向系、制动系、主要电气设备及车身;

(2)从汽车上拆下发动机、离合器、变速器、传动轴、主减速器和车轮,了解汽车动力产生

及传递过程；

(3)观察汽车行驶系、转向系、制动系的安装连接；

(4)观察汽车转向系的运动关系；

(5)观察汽车制动系的动作情况；

(6)观察轿车与货车的共同点和区别。

六、工作步骤

1 汽车外部的认识

(1)汽车驾驶室、车身认识；

(2)车轮认识；

(3)各种外部灯光装置认识(图2-6、图2-7)。

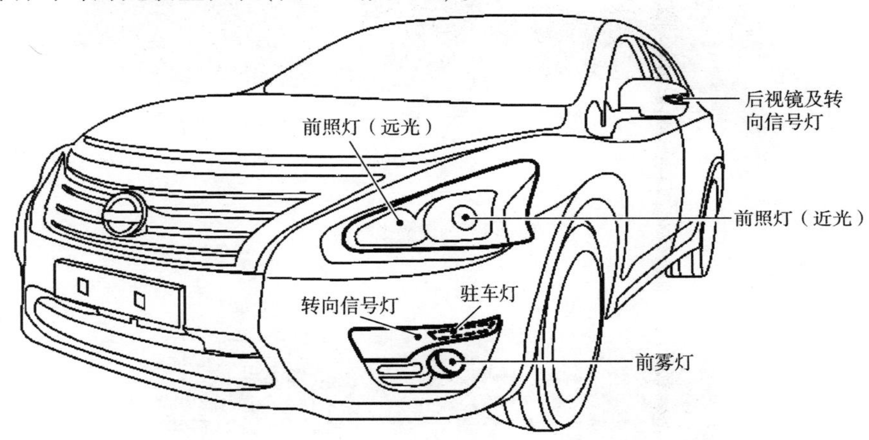

图2-6　汽车前部灯光装置

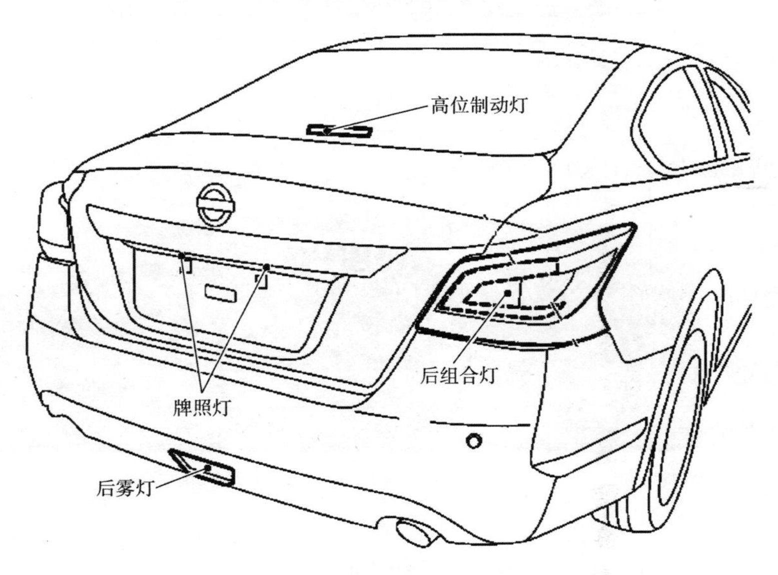

图2-7　汽车后部灯光

❷ 汽车驾驶室内部的认识

(1)驾驶操纵机构的认识(图 2-8);

(2)仪表及指示灯、警告灯的认识(图 2-9、图 2-10);

(3)各种电器开关的认识(图 2-11、图 2-12)。

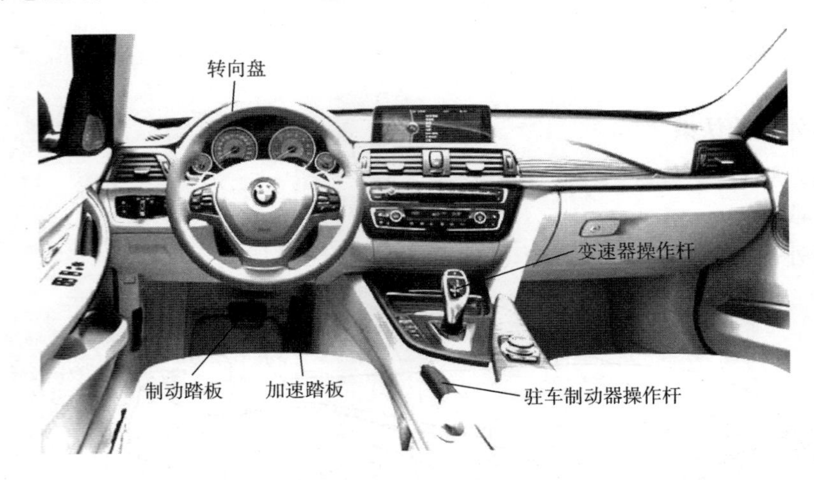

图 2-8　驾驶操纵机构

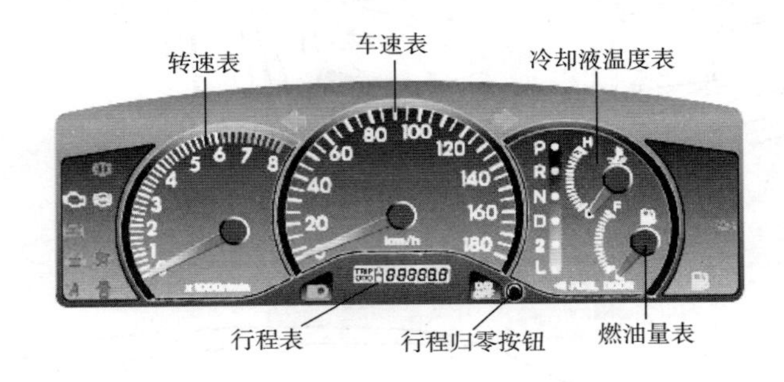

图 2-9　汽车仪表

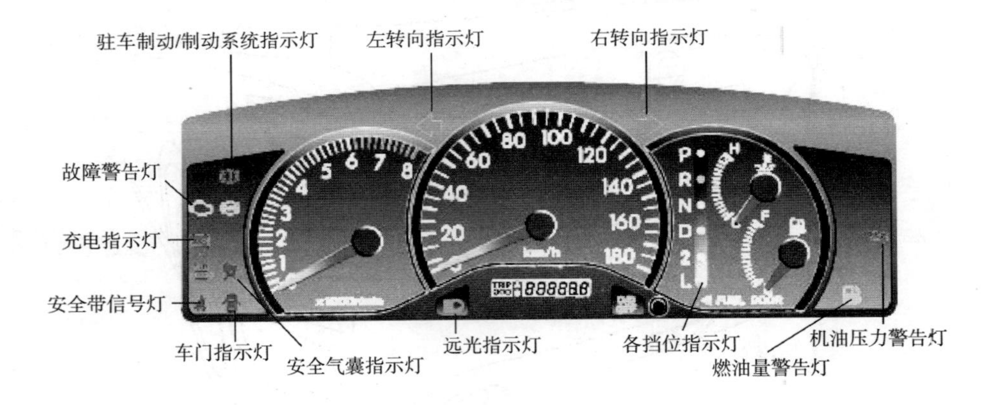

图 2-10　汽车仪表板指示灯、警告灯

图2-11　驾驶室内的开关

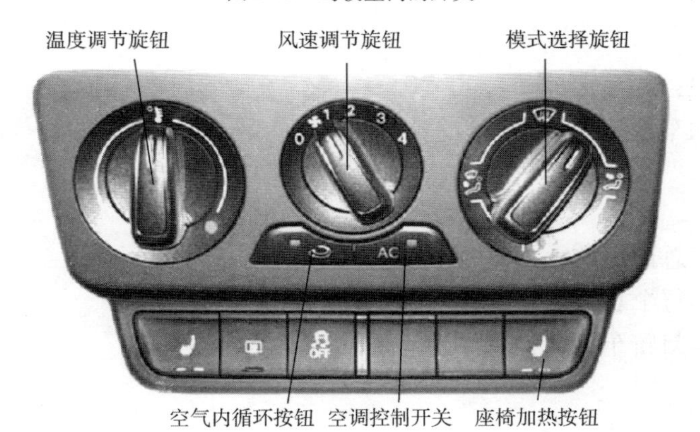

图2-12　空调控制开关

❸ 观察汽车基本工作过程

(1)用举升机或千斤顶及搁车凳将汽车顶起,使车轮悬空(可以转动);

(2)起动发动机,演示空挡、前进挡、倒挡工作情况,讲解动力传递过程。

①转动转向盘,观察转向车轮偏转情况。

②挂上前进挡,松开离合器,使车轮转动。踏下制动踏板,观察车轮制动情况。

❹ 拆卸汽车主要部件

1)轿车(发动机前置前驱)

拆下发动机、离合器及变速器总成。

(1)用举升器将汽车举升;

(2)拆下电器附件及导线插接器;

(3)放尽发动机冷却液和润滑油;

(4)拆下发动机周围的连接装置;
(5)拆下发动机的附件和紧固螺栓;
(6)拆除半轴;
(7)吊出发动机、离合器及变速器主减速器总成。
2)货车
(1)拆下发动机舱盖;
(2)拆下传动轴、排气管;
(3)放尽发动机冷却液和润滑油;
(4)拆下发动机的附件和紧固螺栓;
(5)拆下变速器、离合器;
(6)吊出发动机;
(7)拆下半轴及主减速器。

5 认识汽车主要组成部分

(1)发动机认识;
(2)传动系认识;
(3)转向系认识;
(4)行驶系认识;
(5)电器设备和车身认识。

七、学习成果

(1)能认识汽车总体构造;
(2)能说出汽车每个总成的名称;
(3)能说出货车与轿车的同异点。

项目3 发动机曲柄连杆机构、配气机构认识实训

学习目标

1. 认识发动机的整体结构；
2. 了解曲柄连杆机构的组成及连接关系；
3. 了解配气机构的组成及连接关系。

一、相关知识

1 发动机工作原理

汽车发动机多采用往复活塞式内燃机。以汽油机为例，其基本工作过程是：燃油供给系将汽油与空气按一定的比例混合，形成可燃混合气，由活塞下行产生的真空度，经进气门吸入汽缸；活塞上行，压缩进入汽缸的可燃混合气，使汽缸内气体压力、温度升高；由火花塞跳火将可燃混合气点燃，高温燃气产生的巨大压力推动活塞下行做功，活塞下行的直线运动通过曲柄连杆机构的作用转换为曲轴的旋转运动，从发动机飞轮输出，（输出的动力经传动系传至驱动车轮，推动汽车行驶）；活塞继续上行，将燃烧产生的废气经排气门排出汽缸。上述过程称为发动机的工作循环。发动机的曲柄连杆机构及配气机构是发动机完成工作循环的最主要机构。

2 曲柄连杆机构的作用和组成

曲柄连杆机构的主要作用是将可燃混合气燃烧时产生的热能转变为机械能，并输出。它由机体组、活塞连杆组和曲轴飞轮组组成。

1）机体组

机体组由汽缸体、汽缸盖、汽缸垫、油底壳、汽缸盖罩盖等组成，如图3-1～图3-4所示。机体是发动机主体和骨架，是发动机的装配基体，而其本身许多部分又是发动机有些机构和系统的组成部分。

2）活塞连杆组

活塞连杆组由活塞、活塞环、活塞销、连杆、连杆轴承（轴瓦）连杆盖等组成，如图3-5～图3-8所示。活塞连杆组是发动机内将热能转变为机械能，把活塞的直线运动转变为曲轴的旋转运动的主要机构。

图3-1 汽缸体

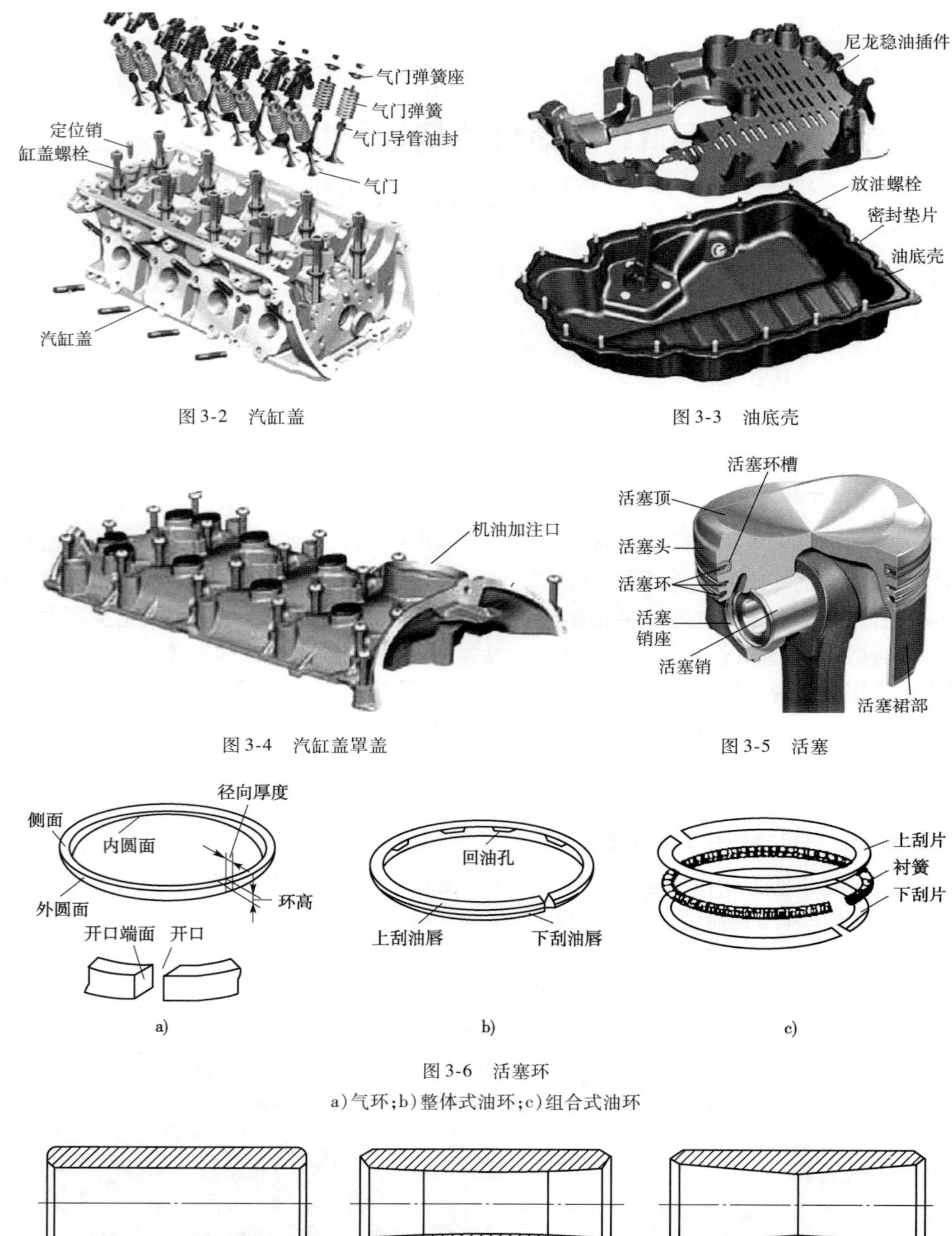

图 3-2　汽缸盖

图 3-3　油底壳

图 3-4　汽缸盖罩盖

图 3-5　活塞

a)　b)　c)

图 3-6　活塞环

a)气环;b)整体式油环;c)组合式油环

a)　b)　c)

图 3-7　活塞销

a)圆柱形;b)组合形;c)两段截锥形

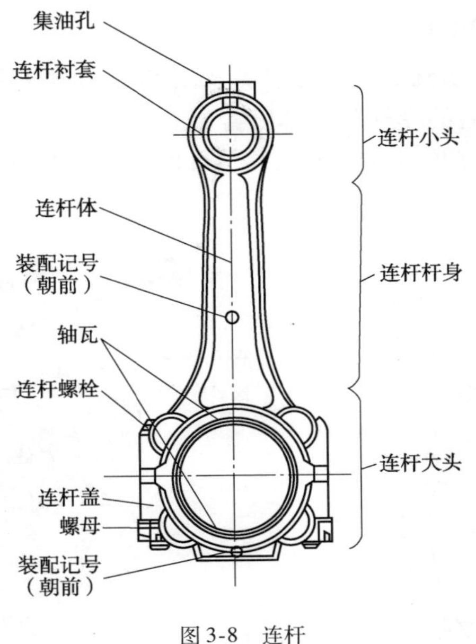

图3-8　连杆

3)曲轴飞轮组

曲轴飞轮组主要由曲轴和飞轮组成,如图3-9、图3-10所示。它的作用是承受连杆传来的力,并通过飞轮驱动传动系。同时曲轴的转动还驱动发电机、水泵、空气压缩机等附属装置。

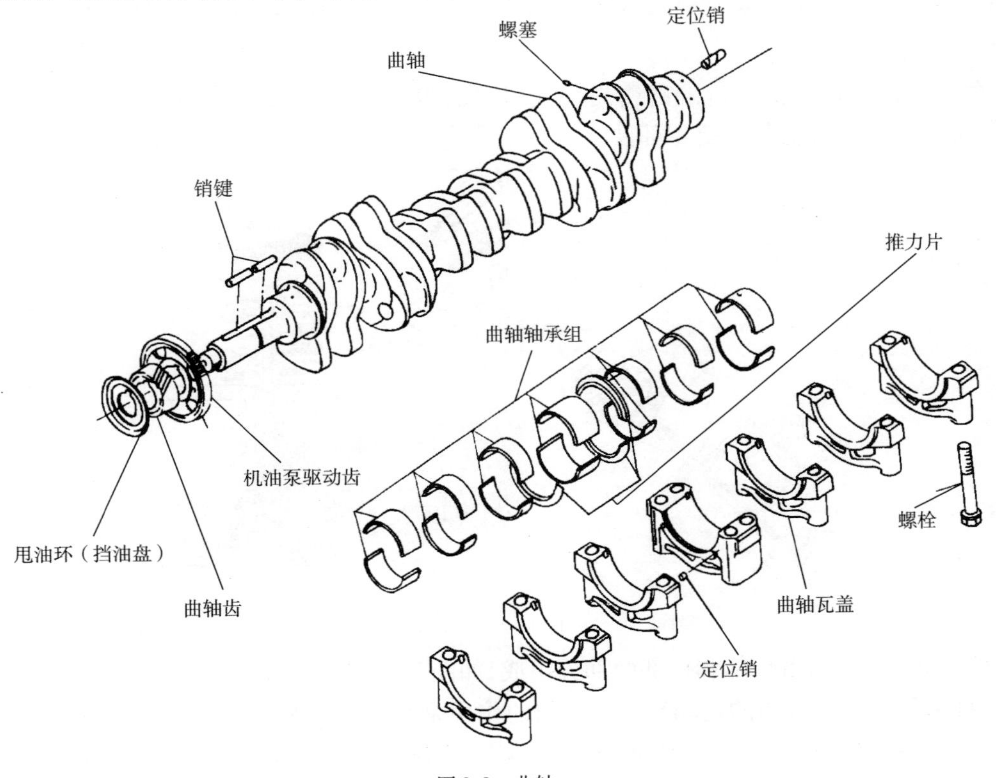

图3-9　曲轴

❸ 配气机构的作用和组成

配气机构的作用是按发动机配气定时的要求,准时打开和关闭进排气门,使新鲜可燃混合气及时充入汽缸,并使燃烧后的废气及时排出。

配气机构由气门组和气门传动组组成,图3-11所示为奥迪1.8TFSI发动机配气机构零件图。

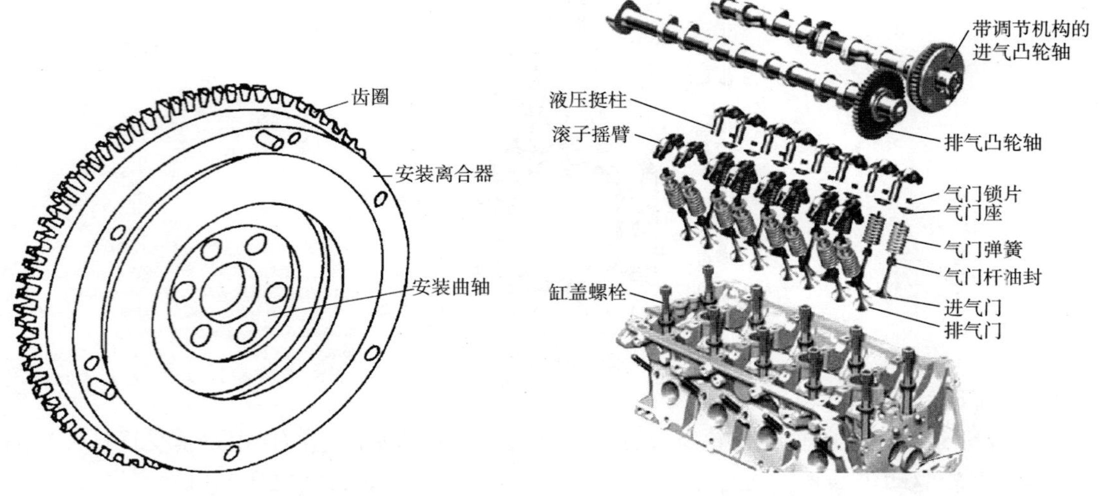

图3-10　飞轮

图3-11　奥迪1.8TFSI发动机配气机构零件图

1)气门组

气门组的作用是实现汽缸的密封。气门组的组成见图3-12。气门组包括气门、气门导管、气门座和气门弹簧等主要零部件。

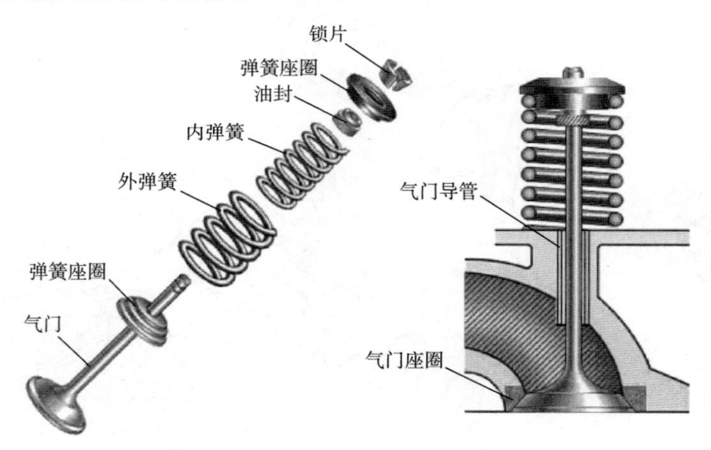

图3-12　气门组

(1)气门。气门由头部和杆部两部分组成,如图3-13所示。头部用来封闭汽缸的进、排气通道,杆部则主要为气门的运动导向。气门的作用是与气门座相配合,对汽缸进行密封,并按工作循环的要求定时开启和关闭,使新鲜气体进入汽缸,使废气排出汽缸。气门头部受高温作用,承受高压及气门弹簧和传动组惯性力的作用,气门杆在气门导管中作高速直线往复运动,

其冷却和润滑条件差，因此，要求气门必须具有足够的强度、刚度、耐热和耐磨能力。

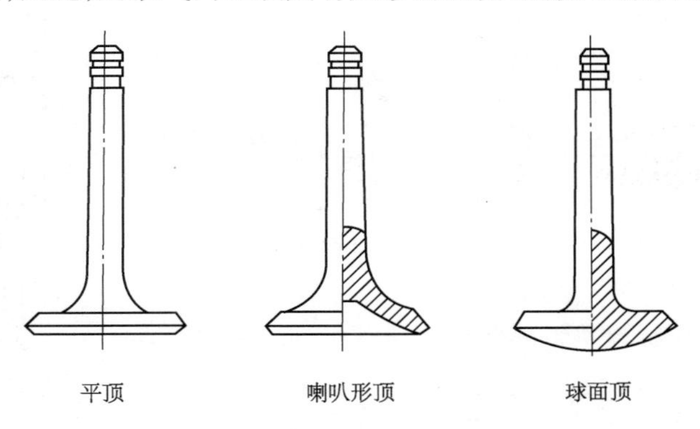

图3-13　气门头部结构形式

（2）气门导管。气门导管的功用是给气门的运动导向，并为气门杆散热。其结构如图3-14所示。

（3）气门弹簧（图3-15）。气门弹簧借其张力克服气门关闭过程中气门及传动件因惯性力而产生的间隙，保证气门及时落座并紧密贴合，同时也可防止气门在发动机振动时因跳动而破坏密封。因此，要求气门弹簧具有足够的刚度和安装预紧力。

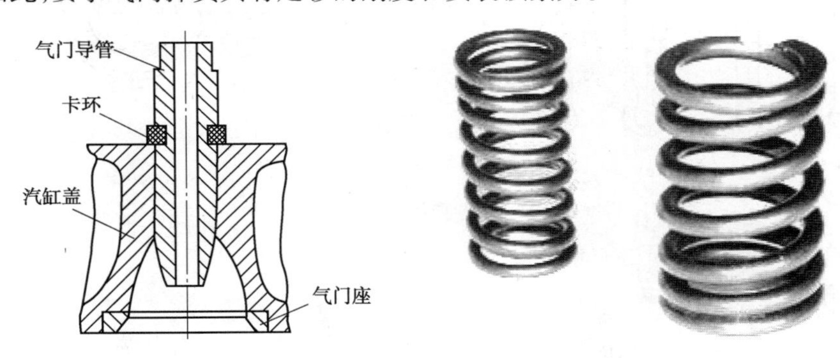

图3-14　气门导管和气门座　　图3-15　气门弹簧

2）气门传动组

气门传动组的作用是使气门按发动机配气相位规定的时刻及时开、闭，并保证规定的开启时间和开启高度。气门传动组主要包括凸轮轴、凸轮轴正时齿轮、挺柱、推杆（气门顶置式配气机构）、摇臂和摇臂轴。

凸轮轴主要由凸轮1、凸轮轴轴颈2等组成（图3-16）。对于下置凸轮轴的汽油机还具有用以驱动机油泵、分电器的螺旋齿轮4和用以驱动汽油泵的偏心轮3。凸轮受到气门间歇性开启的周期性冲击载荷，因此，要求凸轮表面要耐磨，凸轮轴要有足够的韧性和刚度。

挺柱的作用是将凸轮的推力传递给推杆或气门（图3-17）。推杆的作用是将凸轮轴经过挺柱传来的推力传递给摇臂，它是配气机构中最易弯曲的细长零件（图3-18）。

摇臂是一个中间带有圆孔的不等长双臂杠杆，其作用是将推杆传来的力改变方向，作用到气门使其开启（图3-19、图3-20）。

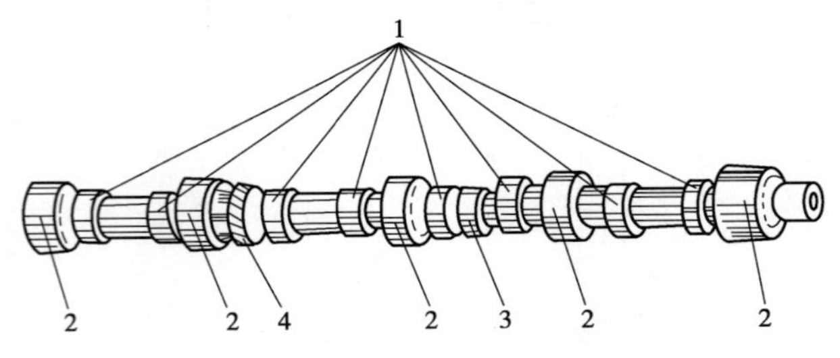

图 3-16 凸轮轴

1-凸轮;2-凸轮轴轴颈;3-驱动汽油泵的偏心轮;4-驱动分电器等的螺旋齿轮

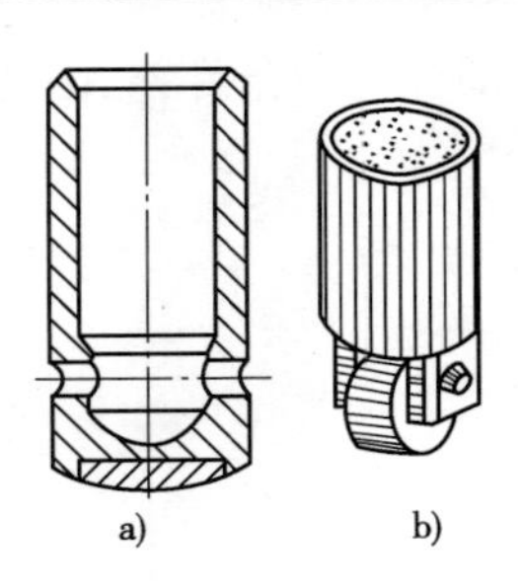

图 3-17 普通挺柱

a)筒式;b)滚轮式

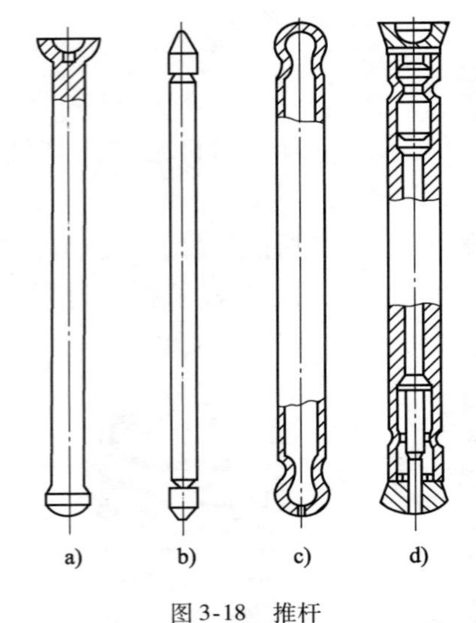

图 3-18 推杆

a)、b)实心推杆;c)、d)空心推杆

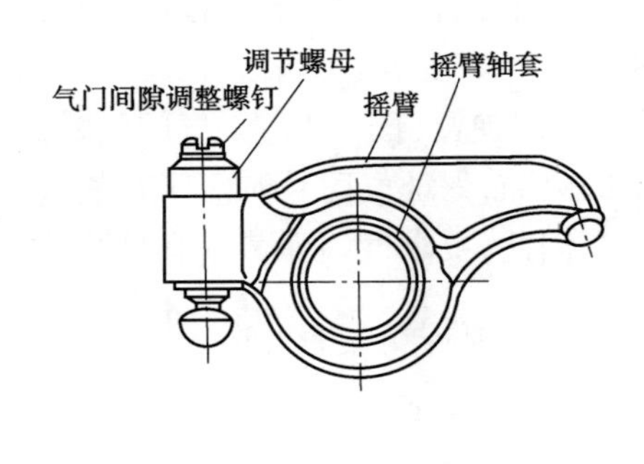

图 3-19 摇臂

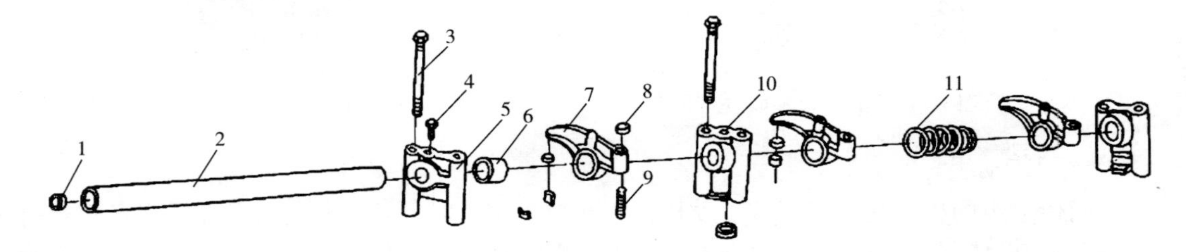

图 3-20 摇臂组

1-碗形塞;2-摇臂轴;3-螺栓;4-摇臂轴紧定螺钉;5-摇臂轴前支座;6-摇臂衬套;7-摇臂;8-锁紧螺母;9-调整螺钉;10-摇臂轴中间支座;11-限位弹簧

实训组织

本实训所用 6 学时,分组进行实训 4 ~6 人一组。

实训准备

每组一台安装在翻身架上的发动机,一套拆装工具及零件托盘。

四、安全注意事项

(1)使用翻身架时,应根据需要慢慢摇转手轮使发动机翻转到适合的位置,禁止快速转动翻身架手轮;

(2)不得将工具、零部件等随意乱扔在地上,拆下的零部件必须按顺序放好;

(3)工具及零部件不得放在翻身架上;

(4)不得使油、水等污染场地、实训完毕后应及时清洁场地。

五、实训内容

(1)认识发动机整体结构;

(2)认识曲柄连杆机构、配气机构的主要零件;

(3)了解发动机曲柄连杆机构、配气机构的结构和连接关系。

六、工作步骤

(1)观察发动机外表;

(2)拆下汽缸盖罩盖;

(3)拆下凸轮轴驱动同步齿形带防护罩;

(4)转动曲轴,观察配气机构工作情况;

(5)拆下凸轮轴驱动同步齿形带(图 3-21);

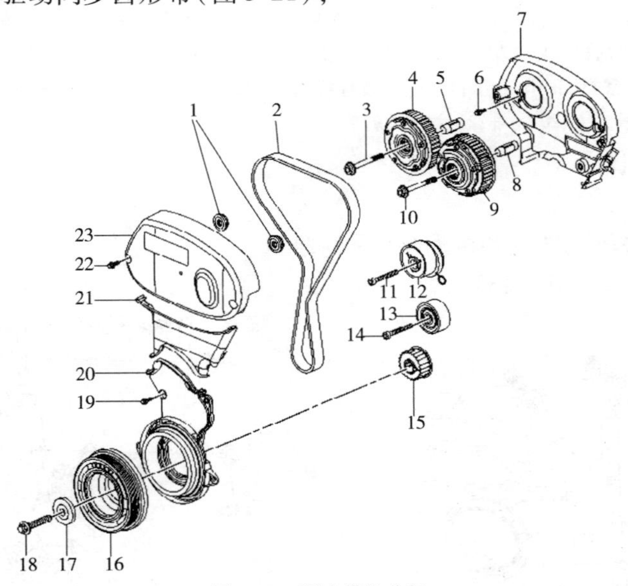

图 3-21 同步带的分解

1-凸轮轴调节器封闭螺塞;2-正时皮带;3-进气凸轮轴调节器螺栓;4-进气凸轮轴调节器 5-进气凸轮轴调节器螺塞;6-正时皮带前上盖螺栓;7-正时皮带后盖;8-排气凸轮轴调节器螺塞;9-排气凸轮轴调节器;10-排气凸轮轴调节器螺栓;11-正时皮带张紧器螺栓;12-正时皮带张紧器;13-正时皮带惰轮;14-正时皮带惰轮螺栓;15-曲轴调节器;16-曲轴平衡器;17-曲轴压力垫圈;18-曲轴平衡器螺栓;19-正时皮带前下盖螺栓;20-正时皮带前下盖;21-正时皮带中部前盖;22-正时皮带前上盖螺栓;23-正时皮带前上盖

(6)拆下进排气歧管(图3-22);

(7)拆下汽缸盖(图3-22);

(8)观察气门组件、火花塞或喷油器;

(9)拆下凸轮轴(图3-23);

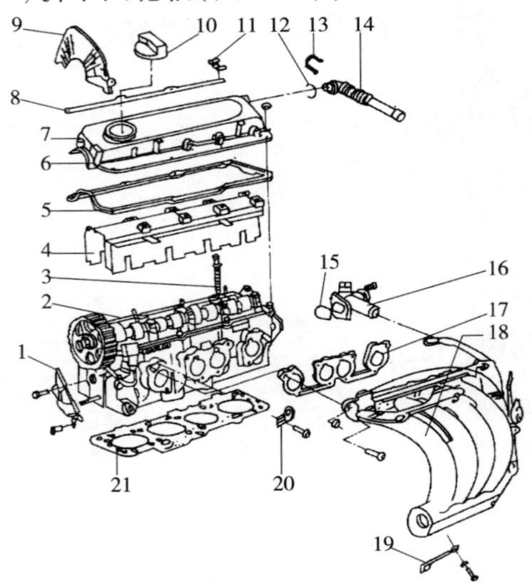

图3-22　进气歧管及汽缸盖分解

1-同步带后防护罩;2-汽缸盖总成;3-汽缸盖螺栓;4-机油反射罩;5-气门室罩盖衬垫;6-紧固压条;7-气门室罩盖;8-压条;9-同步带后上防护罩;10-加机油口;11-支架;12-密封圈;13-抱箍;14-曲轴箱通风软管;15-密封圈;16-凸缘;17-进气歧管衬垫;18-进气歧管;19-进气歧管支架;20-吊耳;21-汽缸盖衬垫

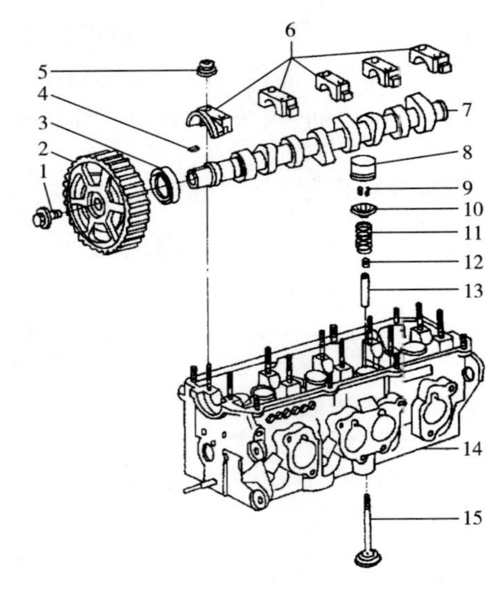

图3-23　凸轮轴及气门、液力挺杆的分解

1-同步带轮螺栓;2-凸轮轴同步带轮;3-油封;4-半圆键;5-螺母;6-轴承盖;7-凸轮轴;8-液力挺杆;9-气门锁片;10-气门弹簧座;11-气门弹簧;12-气门油封;13-气门导管;14-汽缸盖;15-气门

(10)拆下气门组件;

(11)拆下油底壳;

(12)拆下机油泵驱动链轮和机油泵(图3-24);

(13)拆下水泵总成(图3-25);

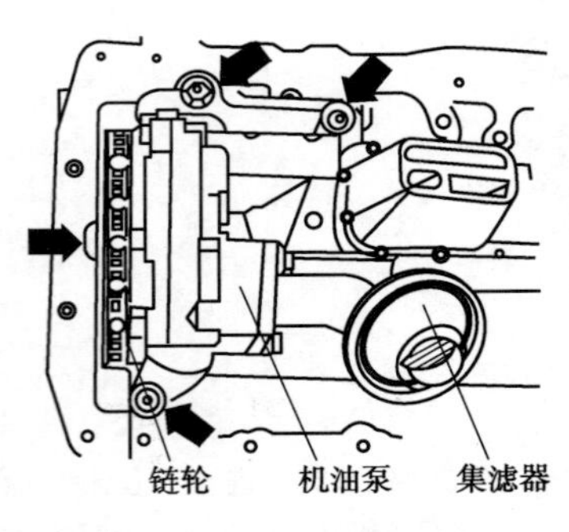

图3-24　拆下链轮和机油泵

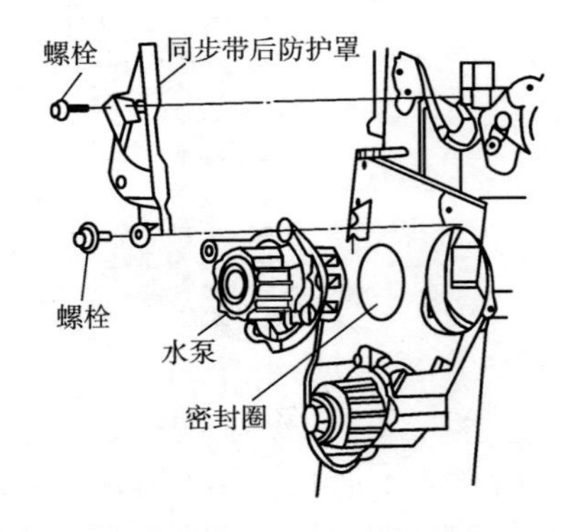

图3-25　水泵总成的拆卸

(14)转动曲轴与飞轮观察分析曲柄连杆机构的运动;

(15)拆下连杆轴承,抽出活塞连杆组;认识活塞、活塞环、活塞销、连杆、连杆轴承的名称、

作用及各零件的连接关系、安装位置；

(16)拆下主轴承、曲轴飞轮组；

(17)观察汽缸体、汽缸盖、油底壳、活塞、连杆、曲轴和飞轮的结构及各零件的连接关系、安装位置(图3-26)；

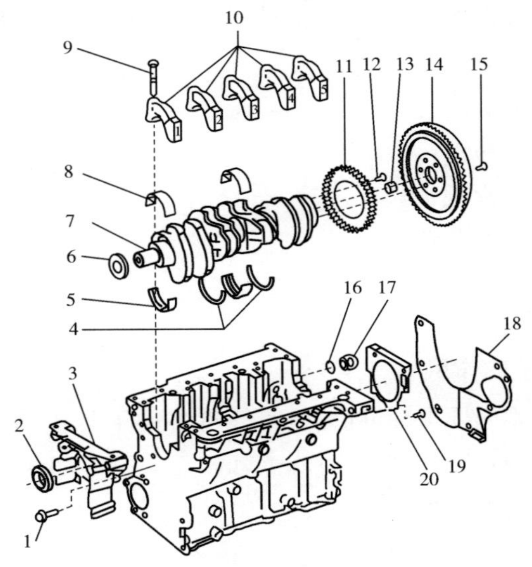

图3-26　曲轴飞轮组的分解

1-前油封凸缘螺栓；2-油封；3-前油封凸缘；4-推力片；5-上半片主轴承；6-机油泵驱动链轮；7-曲轴；8-下半片主轴承；9-主轴承盖螺栓；10-主轴承盖；11-转速传感器轮；12-转速传感器轮螺栓；13-滚针轴承；14-飞轮；15-飞轮紧固螺栓；16-密封圈；17-螺塞；18-中间支板；19-后油封凸缘螺栓；20-曲轴后油封凸缘

(18)按相反顺序装回发动机。

注意：在拆装过程中，注意对准各种标记。

七、学习成果

(1)能认识曲柄连杆机构及配气机构各零件；

(2)知道曲柄连杆机构及配气机构各零件的连接关系；

(3)能叙述曲柄连杆机构和配气机构的作用、组成。

项目 4　汽油机燃料系认识实训

学习目标

1. 认识汽油机燃料系的组成；
2. 了解汽油机燃料供给方式；
3. 认识汽油机燃料系的主要部件。

相关知识

1 汽油机燃料供给系的作用

根据发动机各工况的不同要求，准确计量空气燃油混合比，并将一定数量和浓度的可燃混合气供入汽缸，最后将燃烧做功后的废气排入大气。

2 汽油机燃料供给系的组成

采用电控燃油喷射方式的汽油机供油系一般由空气供给系统、燃油供给系统和电控系统三部分组成。

(1)空气供给系统的作用和组成。空气供给系统的作用是计量和控制发动机燃烧所必需的空气量。其系统的组成如图 4-1 所示。

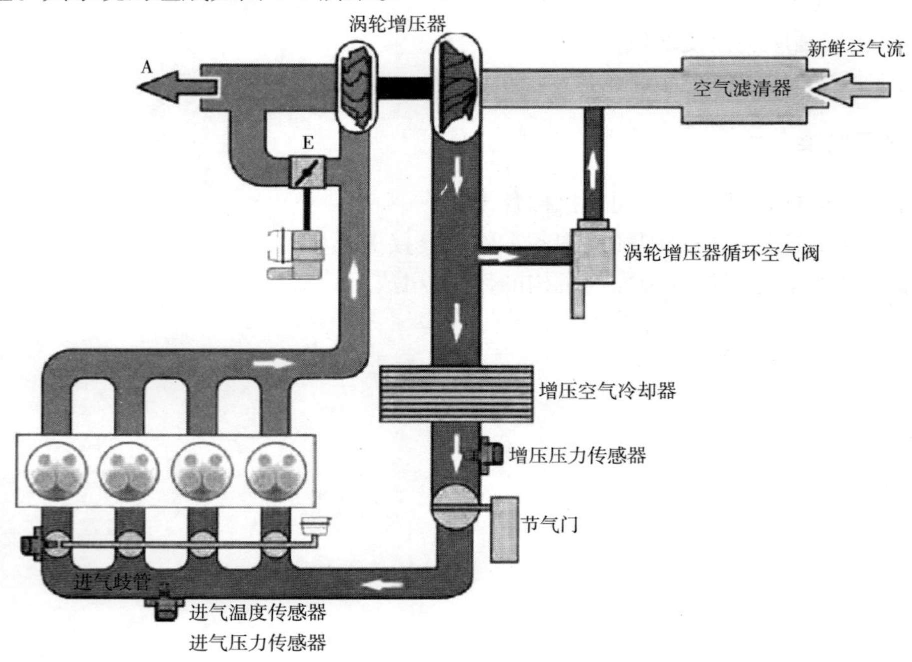

图 4-1　空气供给系统简图

空气供给系统的工作过程：经空气滤清器过滤的新鲜空气，用空气流量计测量后，再经过节气门体流到稳压室，由此分配到各缸的进气支管。空气在进气支管中，与喷油器喷入的汽油混合后，进入汽缸。为了在冷却水温比较低的情况下加快暖机过程，配备了快怠速机构，即由空气阀控制快怠速所需的空气量。流经空气阀的空气，从节气门旁通过，直接流入稳压室。

（2）燃油供给系统的作用和组成。燃油供给系统的作用是供给缸内燃烧所必需的汽油，其组成如图4-2所示。

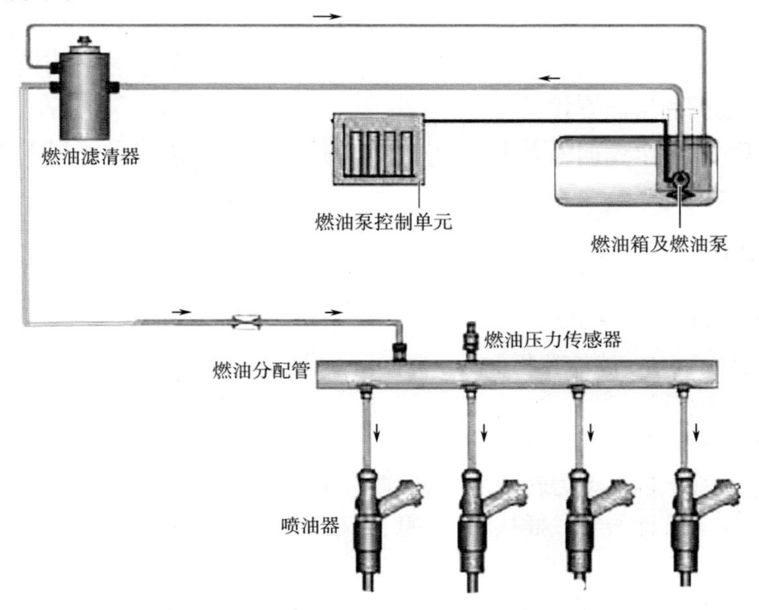

图4-2　燃油供给系统简图

燃油供给系统的工作过程：在燃油泵的作用下，汽油经燃油箱吸出经过燃油滤清器，再用调压器将燃油压力控制在比进气压力高250～300kPa左右之后，由分配管分配到各喷油器。喷油器根据来自电控单元（ECU）的喷射信号，把适量燃油喷射到进气管中。

（3）电控系统的作用和组成。电控系统的作用是根据发动机及汽车的运行状态，确定最佳的汽油供给量。电控系统由电子控制单元（ECU）、传感器和执行器组成。供给发动机的汽油量是通过喷油器的喷射持续时间来控制，而后者是由ECU计算确定的。检测发动机工作状态的传感器有冷却液温度传感器、进气温度传感器、曲轴位置传感器、节气门位置传感器和氧传感器等。而汽车的运行状态则由车速传感器、空调开关等来检测。此外，电控系统中还有控制电源开关的继电器等部件。继电器分为控制整个汽油喷射装置电源开关用的继电器和控制燃油泵电路专用的开关继电器。

实训组织

本实训所用3学时，分组进行实训4～6人一组。

实训准备

每组一台各种附件其全的，可以正常发动的电喷汽油机，每组通用拆装工具及专用拆装工具备一套。

四、安全注意事项

(1)操作场地严禁烟火;

(2)工具及零部件不得乱扔乱放;

(3)严禁擅自起动发动机。

五、实训内容

(1)了解发动机的供油方式;

(2)观察电控汽油机燃油喷射系统中空气供给系统、燃油供给系统以及电控系统的组成及工作情况。

六、工作步骤

1 空气供给系统(图4-3)

1)空气流量计和空气滤清器拆卸

(1)拆下蓄电池负极线,放去发动机冷却液;

(2)拧松进气软管两端的抱箍;

(3)从进气软管上拆下动力转向真空管,取下进气软管;

(4)拔下空气流量计的导线插接器(注意:先拔开锁扣,再拔出插接器。拔出时,不能直接拉导线束);

(5)拆下空气流量计固定螺栓,从空气滤清器上取下空气流量计,观察空气流量计的结构;

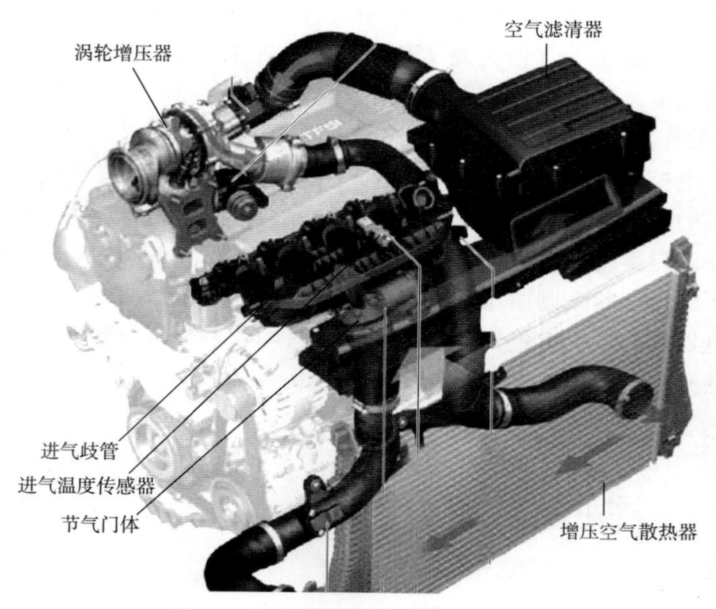

图4-3 奥迪EA888发动机空气供给系统

(6)拔下炭罐电磁阀的导线插接器和真空管；

(7)从空气滤清器侧面取下炭罐电磁阀；

(8)拆下空气滤清器盖；

(9)取出空气滤清器滤芯；

(10)拆下空气滤清器体固定螺栓,取下隔套和橡胶套,拆下隔热板,取下滤清器体,取下垫块(图4-4)。

2)节气门体拆卸(图4-5)

(1)拆下曲轴箱通风管；

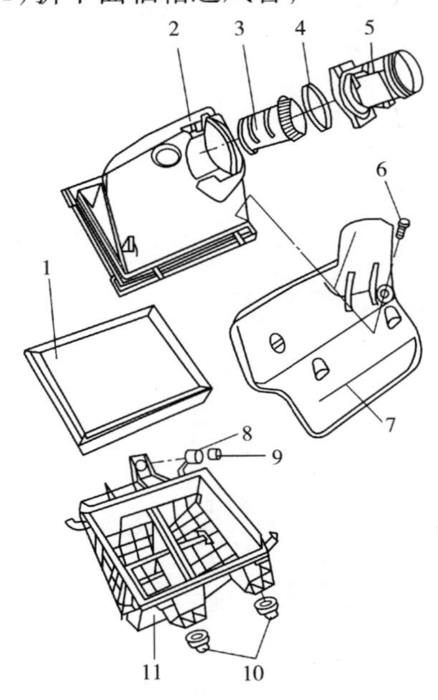

图4-4　拆空气滤清器

1-滤芯;2-滤清器盖;3-空气管;4-抱箍;5-空气流量计;6-螺栓;7-隔热板;8-橡胶块;9-隔套;10-垫块;11-滤清器体

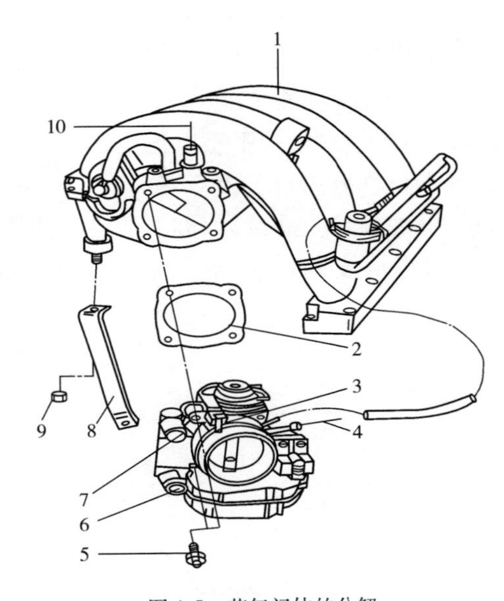

图4-5　节气门体的分解

1-进气歧管;2-密封垫;3-节气门体;4--通炭罐电磁阀真空管接头;5-螺栓;6-水管接头1;7-水管接头2;8-支架;9-螺母;10-通真空助力器真空管接头

(2)用尖嘴钳拔下控制拉索调整卡簧片,从节气门体上拆下节气门控制拉索,拆下节气门拉索支架(图4-6)；

(3)拔下炭罐真空管和制动助力器真空管；

(4)拔下进气温度传感器和霍尔传感器的导线插接器、拆下节气门位置传感器和怠速控制阀的导线插接器；

(5)拆下汽缸盖后的小软管、拆下汽缸盖后冷却液凸缘和上冷却液管之间的冷却液软管；

(6)拆下炭罐电磁阀真空管；

(7)从节气门体上拆下两根冷却液旁通管；

(8)拆下节气门体与进气管的连接螺栓,取出节气门体和密封垫(图4-7)；

(9)观察节气门体。

按与拆卸相反的顺序装复空气供给系统。

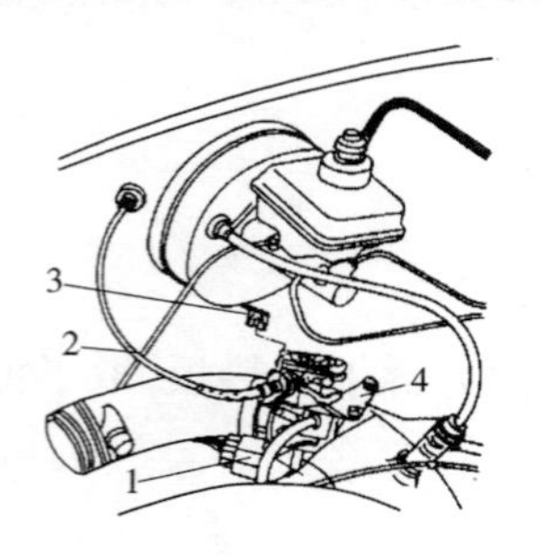

图 4-6 拆节气门拉索

1-导线插接器;2-节气门控制拉索;3-调整卡簧;4-支架

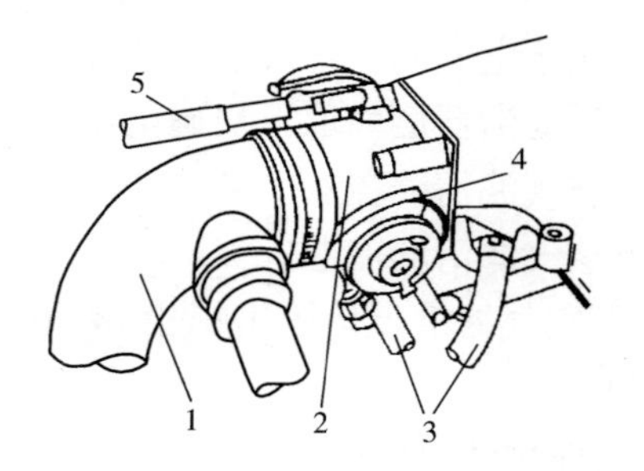

图 4-7 拆进气软管

1-进气软管;2-节气门体;3-水管;4-节气门控制臂;5-炭罐电磁真空阀

❷ 燃油供给系统(图 4-8)

1)油泵的拆卸(图 4-9)

(1)断开点火开关,拆下蓄电池负极线;

(2)卸下行李舱内衬盖板;

(3)拔下油泵导线插接器,拆下油箱出油软管和回油软管(注意:拆下出油管时,须先用布包住接头,慢慢从接头上拔下出油软管,以防汽油飞溅);

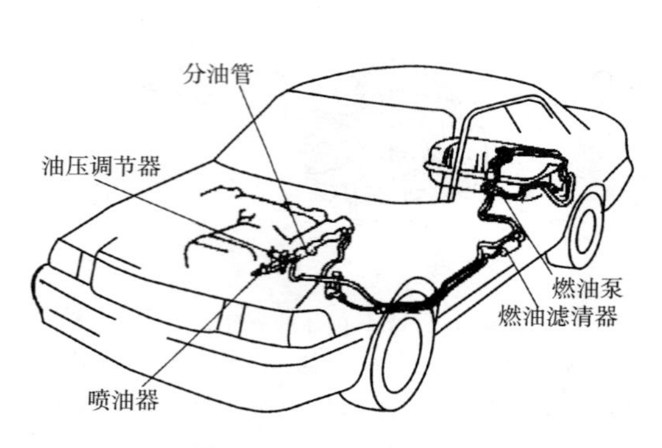

图 4-8 发动机燃油系统

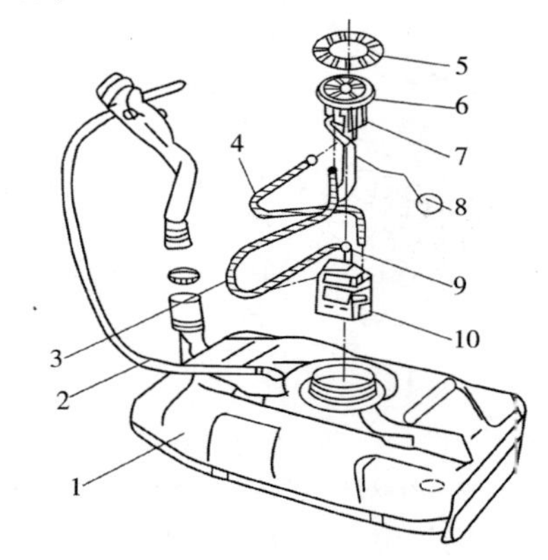

图 4-9 油泵的拆卸

1-油箱;2-加油口通气管;3-回油管;4-出油管;5-紧固螺母;6-汽油蒸汽管;7-密封凸缘;8-油量传感器;9-导线;10-汽油泵

(4)用专用工具从油箱上拆下紧固螺母(图 4-10);

(5)取出密封凸缘和橡胶密封件;

(6)拔下密封凸缘内的油量传感器导线插接器;

(7)将专用工具伸入到油箱内,使专用工具的爪插入油泵壳体的三个拆装缺口内,旋松油泵,从油箱中取出油泵(图 4-11);

(8)观察汽油泵的结构。

2)汽油滤清器的拆卸

(1)松开车底部汽油滤清器托架紧固螺栓,取下滤清器托架;

(2)松开油管抱箍,拔下汽油管(注意:拔出油管时,须先用布包住接头,慢慢从接头上拔

下汽油软管，以防汽油飞溅）；

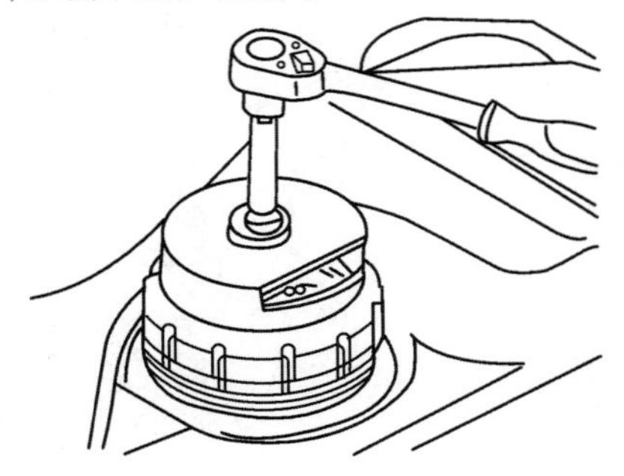

图4-10　拆下紧固螺母

图4-11　拆卸汽油泵

（3）取下汽油滤清器。

3）油压调节器的拆卸

（1）从油压调节器上拔下真空软管；

（2）用尖嘴钳拔下油压调节器卡簧（注意：拆卸前应先松开进油管接头，卸去部分油管内的油压，以防汽油飞溅）；

（3）取出油压调节器（图4-12）。

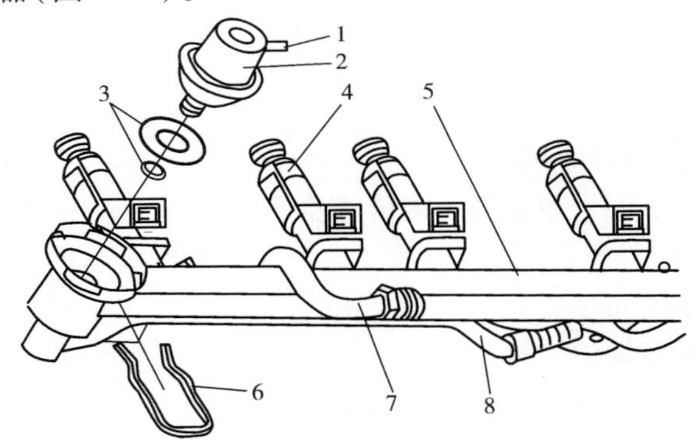

图4-12　拆卸油压调节器

1-真空管接头；2-油压调节器；3-O形密封圈；4-喷油器；5-分油管；6-卡簧；7-进油管；8-回油管

4）喷油器的拆卸（图4-13）

（1）拨开卡簧，拔下喷油器上的导线插接器；

（2）拧下分油管与进气歧管的固定螺栓，取下分油管；

（3）用尖嘴钳拔下喷油器卡簧，从分油管上拔下喷油器。

按与拆卸相反的顺序装复燃油供给系。

3 电子控制系统

1）水温传感器的拆卸（图4-14）

（1）关闭点火开关，拆下蓄电池负极线；

（2）放出发动机冷却液；

（3）拔下水温传感器导线插接器；

（4）拔下卡簧，拆下水温传感器。

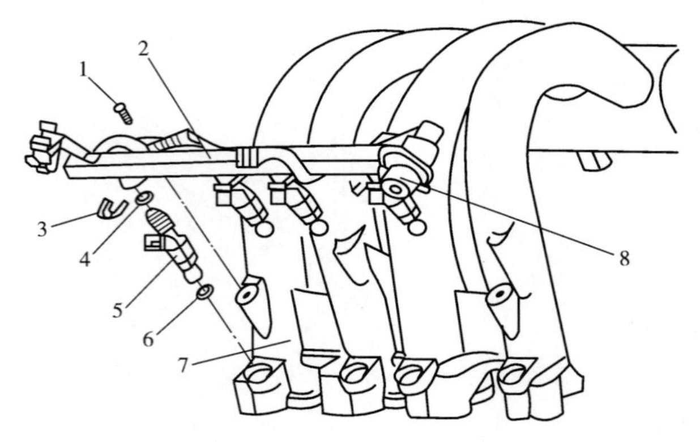

图 4-13　喷油器的拆卸

1-螺栓;2-分油管;3-卡簧;4、6-O 形密封圈;5-喷油器;7-进气歧管;8-油压调节器

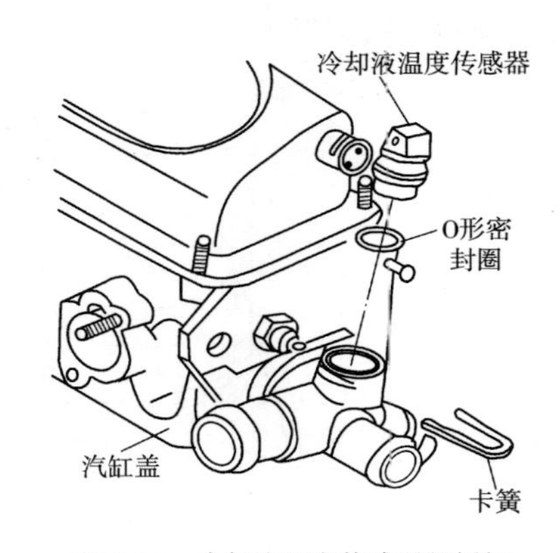

图 4-14　冷却液温度传感器的拆卸

2)进气温度传感器的拆卸(图 4-15)

(1)拔下进气温度传感器导线插接器;

(2)拆下进气温度传感器固定螺栓;

(3)拆下进气温度传感器。

3)爆震传感器的拆卸

(1)拆下进气歧管;

(2)拔下爆震传感器导线插接器;

(3)分别从缸体上拆下 1 号和 2 号爆震传感器。

4)氧传感器的拆卸

(1)拔下氧传感器导线插接器;

(2)从排气总管上拆下氧传感器。

5)发动机电子控制单元(ECU)的拆卸(图 4-16)

(1)关闭点火开关;

(2)拔出发动机控制单元(ECU)上的插线器的卡簧手柄,拔下导线插接器;

(3)用起子小心地撬开电子控制单元固定夹;

(4)取出电子控制单元;

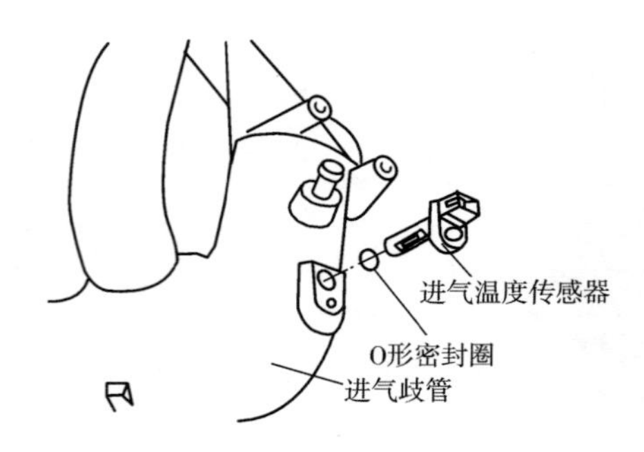

图 4-15　进气温度传感器的拆卸

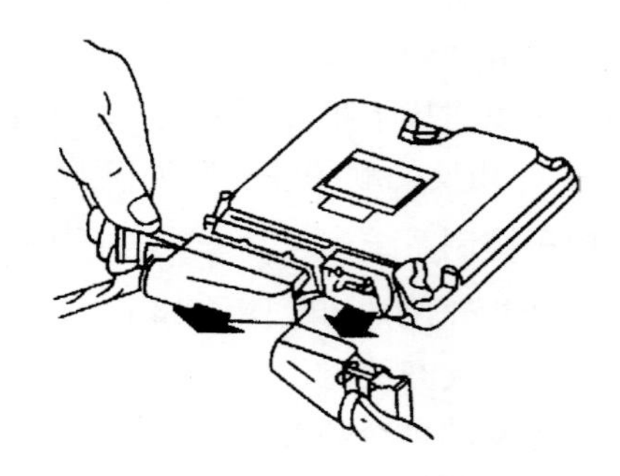

图 4-16　电子控制单元的拆卸

(5)观察电子控制单元。

按与拆卸相反的顺序装复电子控制系统。

七、学习成果

(1)能认识电喷汽油机燃料系各部件;

(2)能简叙汽油机燃料系的作用。

项目5　机械控制式柴油机燃料供给系认识实训

学习目标

1. 认识机械控制式柴油机燃料供给系的组成；
2. 了解柴油机机械控制式燃料供给方式；
3. 认识机械控制式柴油机燃料系的主要部件。

相关知识

1 柴油机燃料系的作用

柴油机燃料系的作用是根据不同工况将相应的燃油定时、定量并以一定的压力和一定的喷雾质量喷入燃烧室，并将燃烧后的废气排出汽缸。

2 机械控制式柴油机燃料系的组成

机械控制式柴油机燃料供给系由四部分组成(图5-1)：

燃料供给——油箱、输油泵、柴油滤清器、喷油泵、喷油器、高压油管、低压油管；

空气供给——空气滤清器、进气管、进气道；

混合气形成——燃烧室；

废气排出——排气道、排气管、排气消声器。

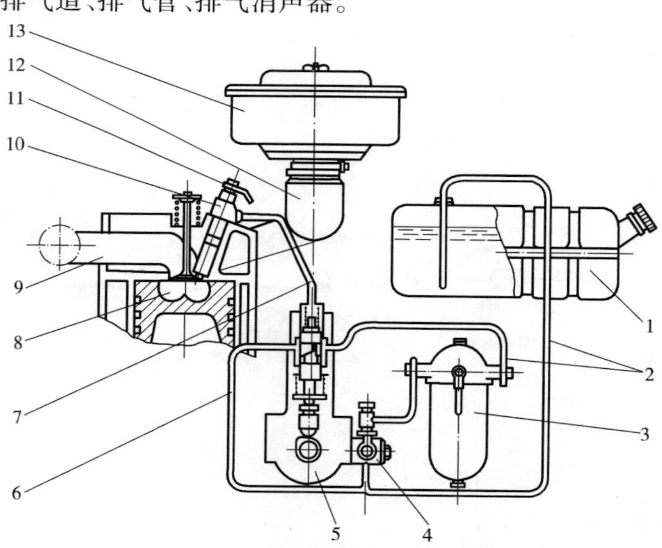

图5-1　机械式柴油机燃料供给系

1-柴油箱；2-低压油管；3-柴油滤清器；4-输油泵；5-喷油泵；6、11-回油管；7-高压油管；8-燃烧室；9 排气管；10-喷油器；12-进气管；13-空气滤清器

柴油机燃料供给系部件在柴油机上的安装位置如图5-2所示。

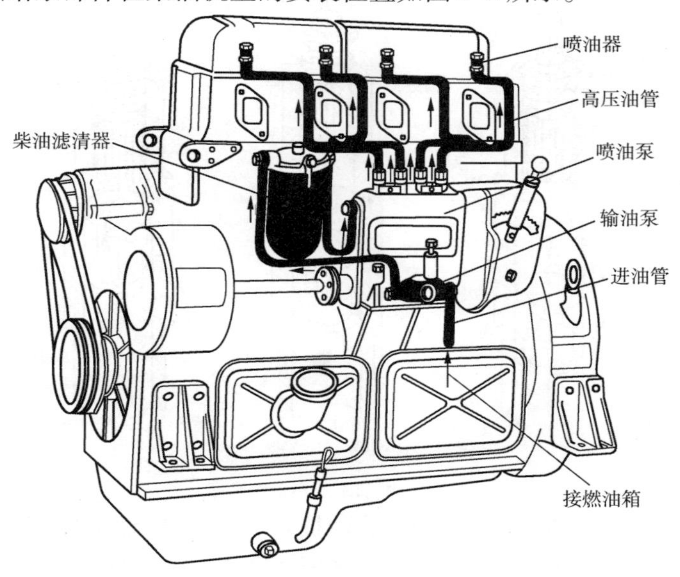

图5-2　供油系部件在柴油机上的安装位置

3 机械控制式柴油机燃料系的工作过程

柴油机工作过程是(图5-1):输油泵4以低压将柴油从油箱送到柴油滤清器3,然后进入喷油泵提高压力,按不同工况所需的供油量经高压油管7送到喷油器10内,经喷孔呈雾状喷入燃烧室8内。输油泵4供应的多余燃油以及喷油器回油孔流出的少量燃油经回油管6、11流回油箱。

柱塞式喷油泵供油量的调节是由调速器控制的。

4 喷油泵的作用、组成及工作过程

喷油泵的主要作用是提高柴油压力,其外形见图5-3。喷油泵主要由分泵总成、凸轮轴、输油泵、喷油正时调节器、调速器等组成,基本工作原理如图5-4所示。

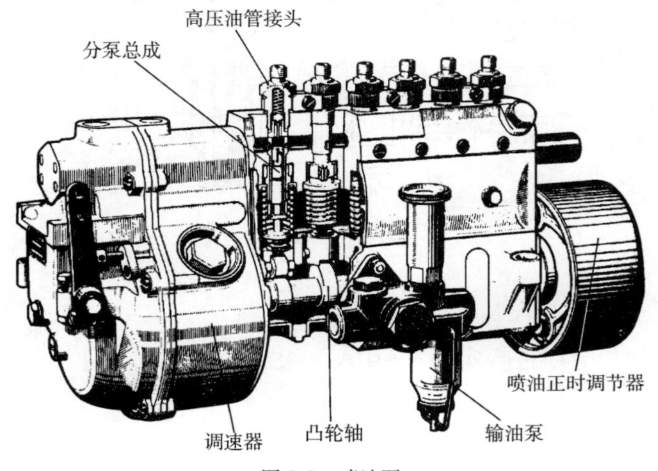

图5-3　喷油泵

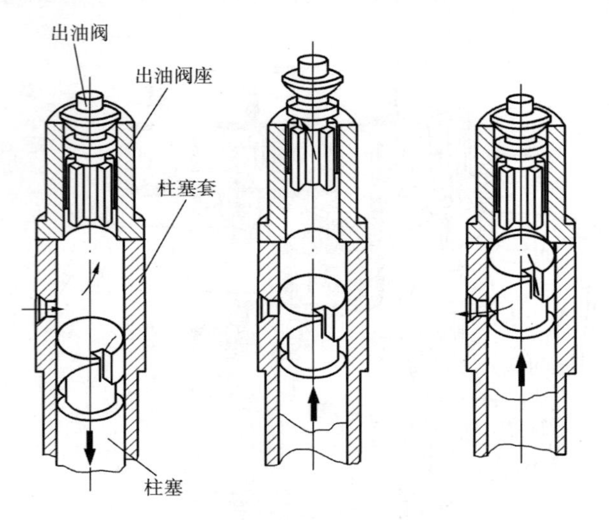

图 5-4　喷油泵基本工作原理

喷油泵提高油压的原理是:油泵中的凸轮轴被发动机带动,驱动柱塞上下运动,柱塞在柱塞套筒内将燃油压缩,高压柴油推开出油阀经高压油管流至喷油器。

5 喷油器的作用、组成及工作过程

喷油器的作用是将高压柴油以雾状的形式喷入燃烧室。喷油器主要由针阀、针阀体、调压螺钉、进油管、回油管等组成。结构如图 5-5 所示。工作过程是:喷油泵送来的高压柴油经进油管送入高压油腔,当油腔内油压高于调压弹簧压力时,针阀上移打开喷孔,柴油经喷孔喷入燃烧室。

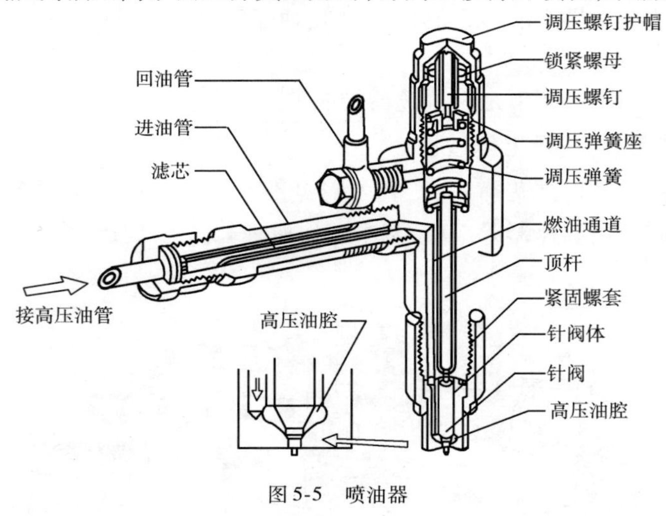

图 5-5　喷油器

实训组织

本实训所用 1 学时,分组进行实训 4 ~ 6 人一组。

实训准备

每组一台各种附件其全的,可以正常发动的柴油机,每组通用拆装工具及专用拆装工具各

一套。

四、安全注意事项

(1)操作场地严禁烟火;
(2)工具及零部件不得乱扔乱放;
(3)严禁擅自起动发动机。

五、实训内容

(1)了解柴油发动机的供油和燃烧方式;
(2)认识柴油机燃料系的各部件及连接关系。

六、工作步骤

(1)观察柴油机机械控制式燃料供给系的组成;
(2)观察喷油泵、喷油器的安装位置;
(3)观察高低压油管的连接;
(4)拆装喷油泵、喷油器总成。
①拆卸喷油泵(A 型柱塞式喷油泵)。
a. 找出喷油泵上的供油正时记号;
b. 拆下与喷油泵连接的高压油管和与滤清器连接的低压油管,拆下回油管;
c. 从负荷控制臂上取下复位弹簧和连接销,拆下停油控制拉线;
d. 拆下联轴器连接螺栓;
e. 拆下泵体与托架的固定螺栓,取下喷油泵总成;
f. 观察喷油泵总成,观察调速器。
②拆卸喷油器。
a. 拧松高压油管的接头螺母;
b. 拆下高压油管及固定夹;
c. 拆下回油管;
d. 拆下喷油器固定螺母,拆下喷油器总成;
e. 观察喷油器总成。
按与拆卸相反的顺序装回喷油器、喷油泵。

七、学习成果

(1)能叙述柴油机燃料系的组成;
(2)认识喷油泵、喷油器。

项目6　发动机点火系、起动系、冷却系、润滑系的认识实训

学习目标

1. 了解汽油机点火系的作用,认识汽油机点火系主要部件;
2. 了解起动系的作用,认识起动系主要部件;
3. 了解冷却系的作用、认识冷却系主要部件;
4. 了解润滑系的作用、认识润滑系主要部件。

相关知识

点火系(汽油机)、起动系、冷却系和润滑系的作用、基本组成及基本工作原理如下。

1 点火系的作用、基本组成及工作过程

点火系的作用:点火系统在高电压下产生火花,在最佳的正时点燃压缩在汽缸内的混合气。根据所收到的由各个传感器发来的信号,发动机 ECU(电子控制单元)实施控制,达到最佳的点火正时。点火系(图 6-1)由点火开关、蓄电池、带点火器的点火线圈、火花塞、发动机 ECU、凸轮轴位置传感器、曲轴位置传感器。断电器、配电器及点火提前装置做成一体,称为分电器(图 6-2)。

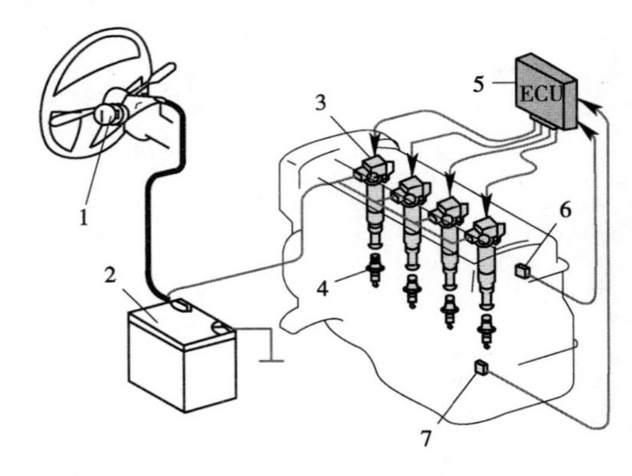

图6-1　点火系的组成

1-点火开关;2-蓄电池;3-带点火器的点火线圈;4-火花塞;5-发动机 ECU;6-凸轮轴位置传感器;7-曲轴位置传感器

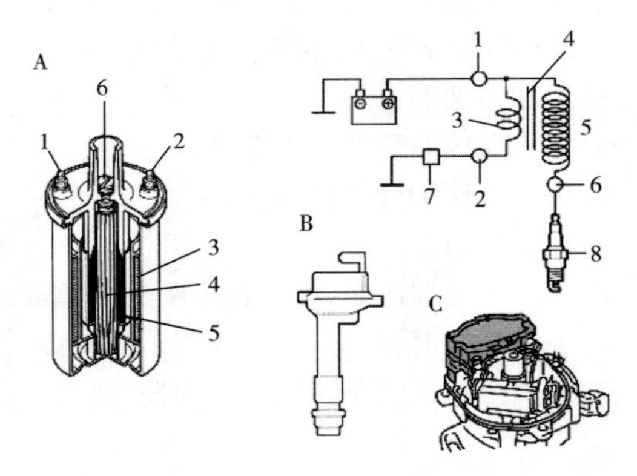

图6-2　分电器

1-初级端子(+);2-初级端子(-);3-初级线圈;4-铁芯;5-次级线圈;6-次级端子;7-点火器;8-火花塞; A-常规型;B-直接点火系统型;C-整体式点火总成型

点火系的电路分为低压电路和高压电路。低压电路由蓄电池、发电机(图 6-3)、点火开关、断电器、电容器及点火线圈的初级绕组构成。高压电路由点火线圈中的次级绕组、点火电路、高压导线和火花塞构成。

点火系工作过程:点火系统一般由控制初级线圈通断的开关、产生高压电的点火线圈和将高压电变成点火火花的火花塞构成。系统的蓄电池提供电源,通过断电开关接通和切断初级线圈中的电流在次级线圈中就会产生高达上万伏的高压电。当断电开关闭合时初级线圈中有电流通过并且电流值随着闭合时间的增长而不断的提高,当开关迅速打开时由于电磁感应在次级线圈中便产生足够的电压并将该电压加到火花塞上使其产生火花点燃混合气。

2 起动系的作用、基本组成及工作过程

起动系的作用是起动发动机。

起动系(图6-4),由起动机(图6-5)、电池线圈、蓄电池、点火开关等组成。其基本工作过程如图6-6所示,接通起动开关,蓄电池电流经电磁线圈中的吸拉线圈和保位线圈,产生电磁吸力,从而吸引铁芯。铁芯牵引拨杆,使小齿轮与飞轮齿圈上的齿轮啮合。这时流经电磁线圈的电流,经电动机的磁场线圈流入电枢,电动机电枢开始转动,通过小齿轮带动飞轮齿圈(飞轮)转动,使发动机起动。

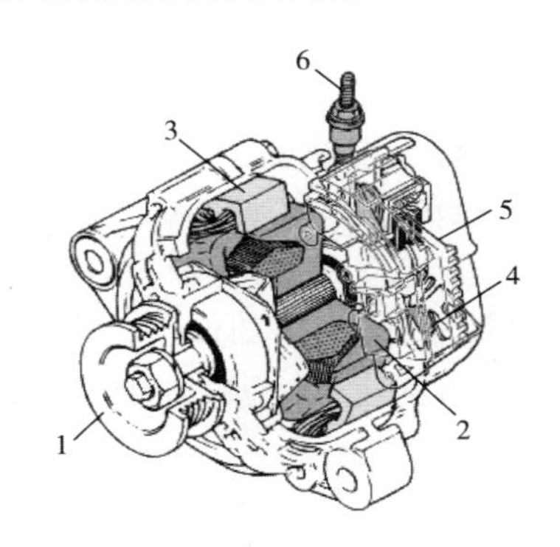

图6-3 发电机

1-带轮;2-转子(线圈);3-定子(线圈);4-整流器(二极管);5-IC 调节器;6-"B"端子

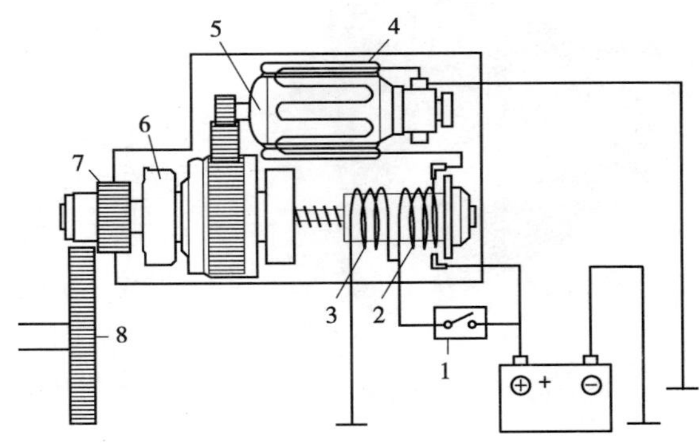

图6-4 起动系的组成

1-点火开关;2-牵引线圈;3-保持线圈;4-励磁线圈 5-电枢;6-离合器;7-小齿轮;8-齿圈

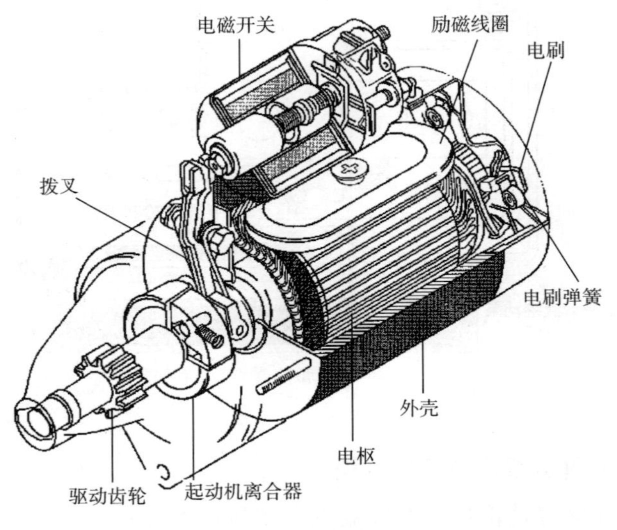

图6-5 起动机

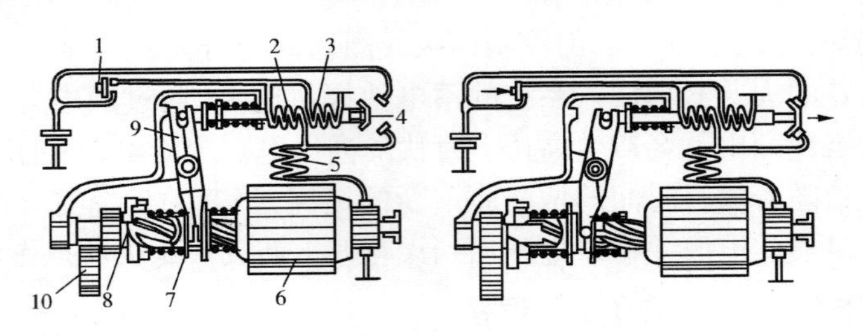

图6-6 起动系工作原理

1-起动系开关;2-吸拉线圈;3-保位线圈;4-总开关;5-励磁线圈 6-电枢;7-滑动套;8-小齿轮轴;9-拨杆;10-飞轮

3 冷却系的作用、基本组成及工作过程

冷却系的作用是使发动机保持在最适宜的温度范围内工作。

图6-7 汽油机冷却系

水冷却系的组成主要由水套、水泵、风扇、散热器和冷却强度调节装置、温度传感器等组成,如图6-7所示。冷却系工作过程为水泵在发动机的带动下转动,使冷却液在发动机内部及散热器之间流动,冷却液将燃料燃烧产生部分热量传至散热器中,再由散热器散发至空气中,以保证发动机始终处于正常的温度范围内工作。当发动机工作强度较大,温度较高时,风扇转动,增大通过散热器的气流,加强冷却作用。冷却液在冷却系内,有不同的流动路线,称为冷却液的循环路线,常见的冷却液循环路线如图6-8所示。水泵结构如图6-9所示。

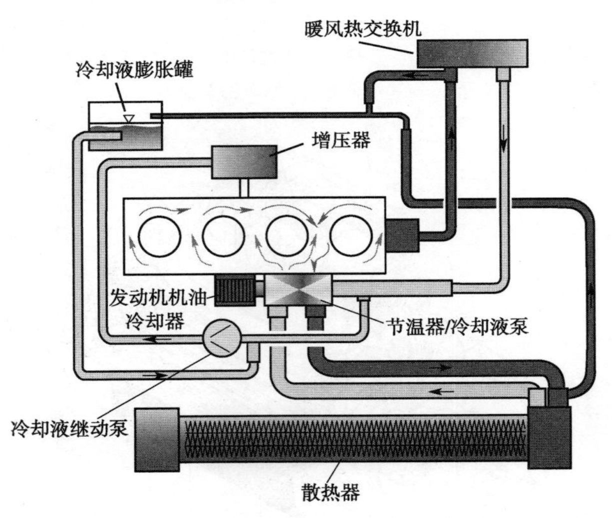

图6-8 冷却液循环路线

4 润滑系的作用、基本组成及工作过程

润滑系的作用是润滑发动机各部件以减少发动机内部摩擦。润滑系的组成由油底壳、机油泵、机油滤清器、集滤器限压阀及旁通阀、机油压力表、温度表、机油尺和机油散热器等主要

部件组成，如图6-10所示。润滑系工作过程为机油泵工作时将油底壳内的机油抽入主油道，然后从分油道送至曲轴轴颈、连杆轴颈、凸轮轴轴颈等各摩擦表面进行润滑。

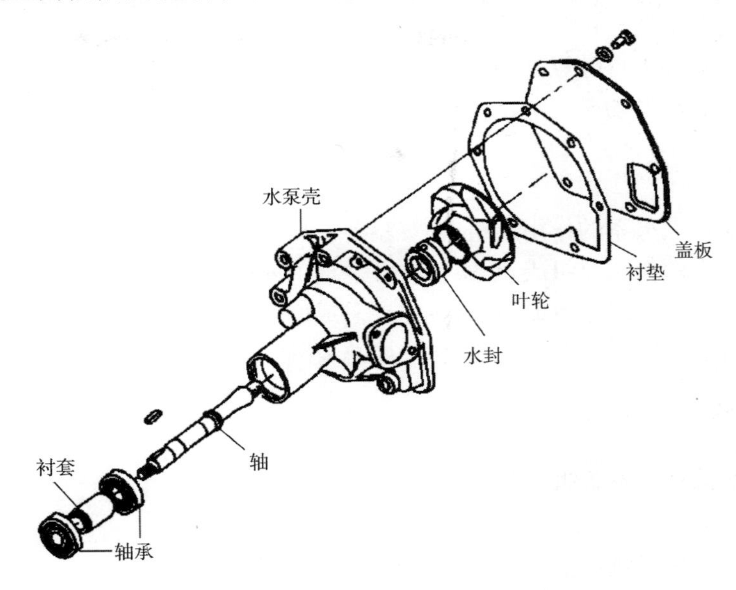

图6-9　水泵

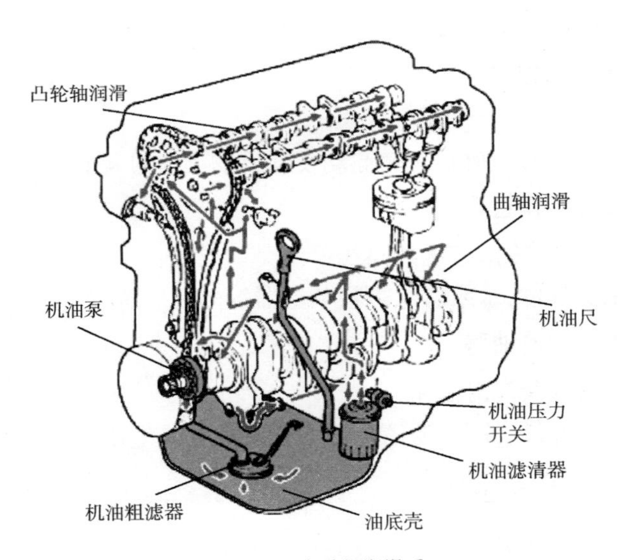

图6-10　发动机润滑系

实训组织

本实训所用课时为2，分组进行实训每4～6人一组。

实训准备

每组一台装备齐全、可以正常运转的汽油发动机，普通工具一套。

四、安全注意事项

(1)操作场地严禁烟火;
(2)工具及零部件不得随意乱扔乱放;
(3)严禁擅自起动发动机。

五、实训内容

(1)了解汽油机点火系的作用及组成,观察各主要总成的安装位置;
(2)了解起动系的作用及组成,观察各主要总成的安装位置;
(3)了解冷却系的作用及组成,观察各主要总成的安装位置;
(4)了解润滑系的作用及组成,观察各主要总成的安装位置。

六、工作步骤

1 汽油发动机点火系的组成及工作过程

(1)观察点火系的组成、安装位置及工作过程;
(2)在发动机上进行跳火试验。
①拆下一个火花塞,接上高压线,使火花塞稳定可靠的放置在汽缸体上;
②转动起动机,观察在火花塞两极之间的火花。

2 起动系的组成及工作过程

(1)观察起动系的组成;
(2)转动点火开关,起动发动机,观察起动发动机的工作过程和起动机的工作情况。

3 冷却系的组成及工作过程

(1)观察冷却系的组成、冷却液循环路线;
(2)认识冷却系主要部件:水泵、散热器、节温器等的安装位置。

4 润滑系的组成及润滑油路

(1)观察润滑系的组成及润滑油路;
(2)认识润滑系主要部件:油泵、滤清器等的安装位置。

七、学习成果

(1)认识点火系是如何按发动机工作要求分配高压电火花的;
(2)认识起动系的组成及驾驶人如何使用起动系起动发动机;
(3)懂得冷却系的作用与组成,知道冷却系水路;
(4)懂得润滑系的作用与组成,清楚润滑系油路。

项目7　汽车传动系认识实训

学习目标

1. 认识汽车传动系主要部件的作用、组成、结构；
2. 了解传动系的工作情况和各部件的连接关系；
3. 了解传动系的动力传递过程。

相关知识

1 汽车传动系的作用、基本组成

汽车传动系的作用是将发动机发出的动力传给驱动车轮。汽车传动系的形式有机械式、液力机械式等。一般汽车传动系大多为机械式,其组成有离合器、变速器、万向传动装置、传动轴、主减速器、差速器、半轴、桥壳等总成。现代汽车越来越多地采用液力机械式传动系,以液力机械变速器取代机械式传动系中的离合器与变速器。根据驱动情况传动系又可分为发动机前置后轴驱动和发动机前置前轴驱动、全轴驱动三种类型,货车一般为发动机前置后轴驱动,布置如图7-1所示。而一般轿车大多为发动机前置前轴驱动,其布置如图7-2所示。

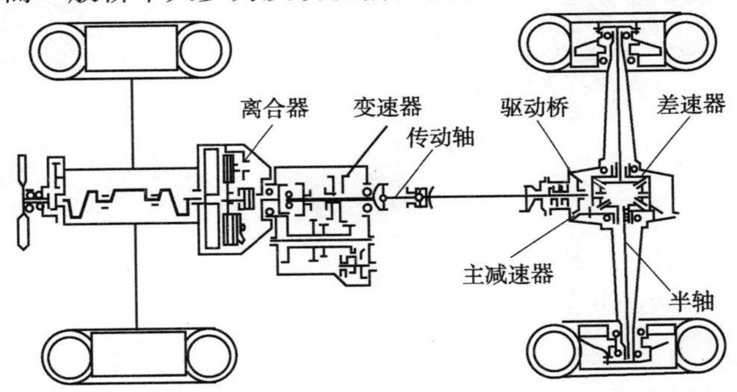

图7-1　货车传动系一般组成及布置示意图

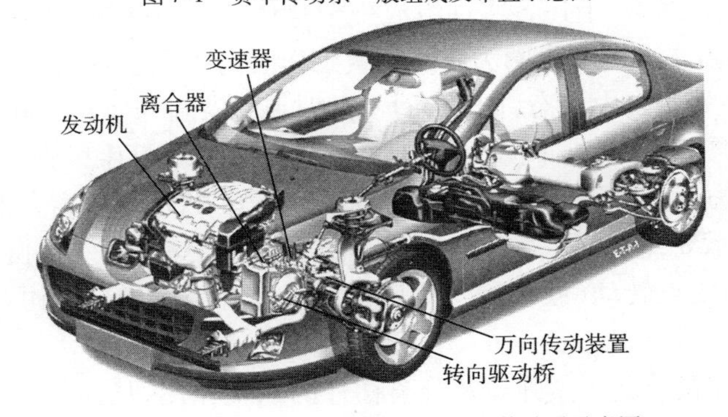

图7-2　发动机前置、前轮驱动的轿车传动系示意图

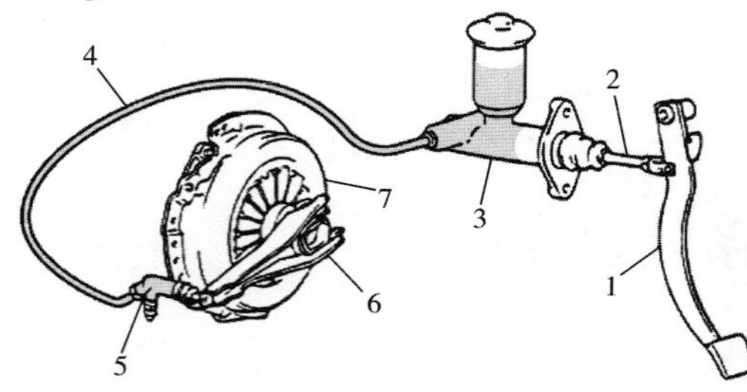

图 7-3　离合器

1-离合器踏板;2-推杆;3-主缸;4-液压软管;5-工作缸;6-分离叉;7-离合器盖

❷ 传动系基本工作情况

传动系基本工作情况是:发动机发出的动力依次经过离合器、变速器、由万向节和传动轴组成的万向传动装置,以及安装在驱动桥中的主减速器、差速器和半轴传到驱动轮。

❸ 离合器的作用和基本组成

离合器的作用是接通和切断发动机传来的动力,其基本组成如图 7-3 所示。

摩擦离合器按摩擦片数目可分为单片离合器、双片离合器和多片离合器;按压紧弹簧的位置不同可分为周布弹簧离合器、中央弹簧离合器和膜片弹簧离合器。

膜片弹簧离合器的结构如图 7-4 所示。碟形膜片弹簧用优质钢板制成,其形状如图 7-5 所示,其上开有若干个径向切槽,切槽的内端开通,外端为圆孔,每两切槽之间钢板形成一个弹性杠杆,它既是压紧弹簧又是分离杠杆。

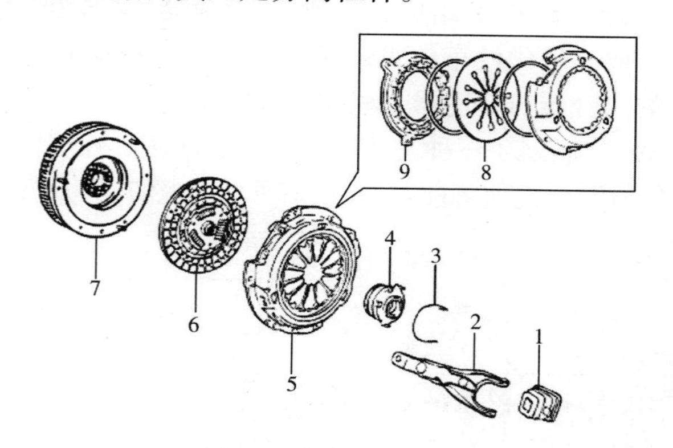

图 7-4　膜片弹簧离合器

1-护套;2-分离叉;3-夹头;4-分离轴承;5-离合器盖;6-离合器盘;7-飞轮;8-膜片弹簧;9-压盘

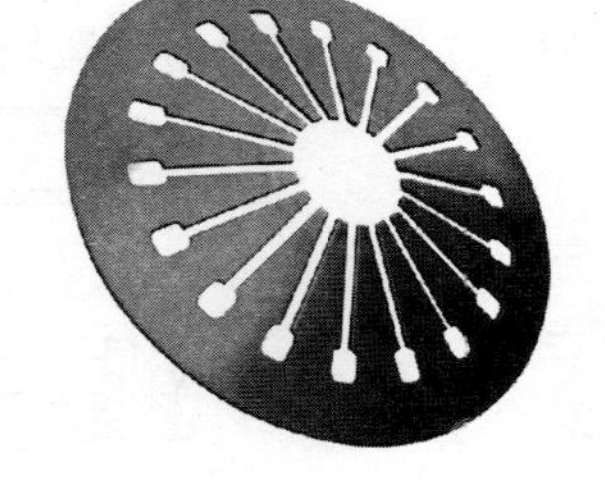
图 7-5　膜片弹簧

膜片弹簧离合器的压紧装置由压盘 3(图 7-6)、离合器盖 2、膜片弹簧 4、支承圈 5 和 7、分离钩 6 和传动片组成。通常,上述各零件组成一个整体。膜片弹簧中间的两侧有支承圈 5 和 7 用铆钉装在离合器盖 2 上。支承圈为膜片弹簧工作时的支点。在离合器盖未装到飞轮 1 上时,膜片弹簧不受力,处于自由状态(图 7-6a)。此时离合器盖与飞轮之间有一距离 l。当把离合器盖靠向飞轮时(图 7-6b),支承圈 5 压迫膜片弹簧 4,使之发生弹性变形(锥角变小)。这样,膜片弹簧的反弹力使其外缘对压盘及从动盘产生压紧力,从而使离合器处于压紧状态。分离离合器时,分离轴承 8 左移(图 7-6c),膜片弹簧被压在支承圈 7 上,膜片弹簧内缘前移,其径向截面以支承圈为支点转动(膜片弹簧呈反锥形),其外缘通过分离钩 6 拉动压盘 3 使离合器分离。

由此可见,膜片弹簧兼起压紧弹簧及分离杠杆的双重作用,从而使离合器结构简化,并缩短了离合器的轴向尺寸。

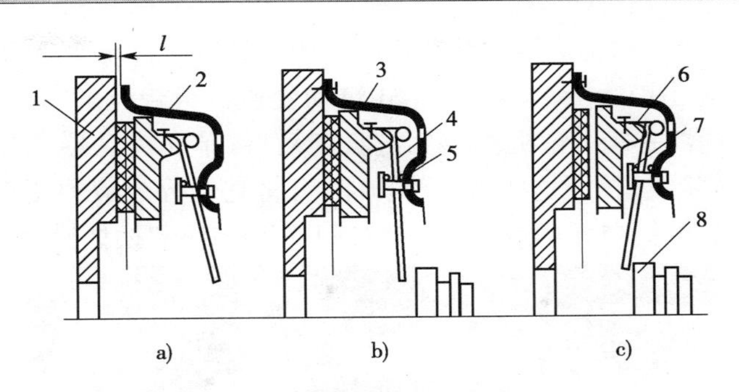

图7-6　膜片弹簧离合器工作原理

a)安装前的位置;b)接合位置;c)分离位置

1-飞轮;2-离合器盖;3-压盘;4-膜片弹簧;5、7-支承圈;6-分离钩;8-分离轴承

4 变速器的作用、基本组成及工作原理

1)变速器的作用

变速器根据需要改变汽车的行驶速度和输出到驱动轮上转矩,满足汽车在不同道路条件下行驶的需要;在发动机曲轴旋转方向不变的情况下,利用倒挡实现汽车倒向行驶;利用空挡,在发动机不熄火的情况下,切断动力输出。

2)变速器类型

变速器分机械式变速器、自动变速器两种类型。

(1)机械式变速器。

常用的机械式变速器结构如图7-7所示。其结构组成主要包括:齿轮、滑动结合套(滑动齿轮)、同步器、输入轴、输出轴、箱体和轴承以及换挡操纵机构等。

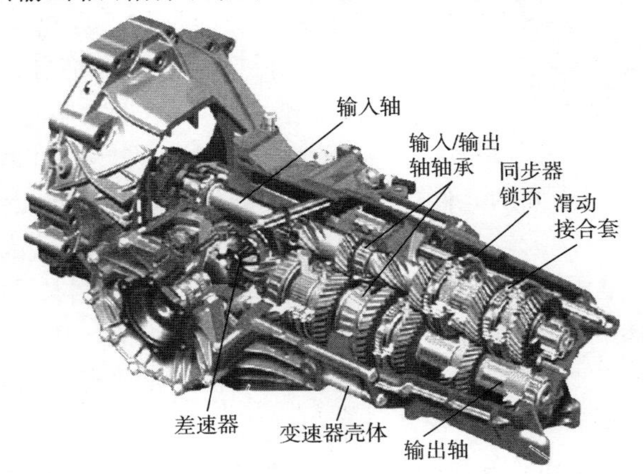

图7-7　奥迪01X机械式变速器

基本工作原理是:利用不同齿数齿轮的组合,在输入轴转速及旋转方向一定的情况下,改变输出轴的转速和输出的转矩以及输出轴的旋转方向,以适应汽车行驶过程中道路阻力的变化、车速变化和行驶方向的要求。

(2)自动变速器。

自动变速器通常来说可以在车辆行驶过程中自动改变传动比,从而使驾驶员不必手动换挡。汽车自动变速器常见的有四种形式:分别是液力自动变速器、机械式无级变速器、电控机械式自动变速器、双离合自动变速器。轿车普遍使用的是液力自动变速器。

液力自动变速器是由液力变矩器和齿轮式自动变速器组合起来的,常见的组成部分如图7-8所示,由液力变矩器、变速齿轮机构、离合器、制动器、单向离合器、油泵、滤清器、管道、控制阀体、速度调压器等组成,按照这些部件的功能,可将它们分成液力变矩器、变速齿轮机构、供油系统、TCU(变速器控制单元(Transmission Control Unit))和换挡操纵机构等五大部分。

图7-8 液力自动变速器

1-输出轴;2-变速齿轮机构;3-制动器;4-离合器;5-液力变矩器;6-油泵;7-液压控制单元(阀板)

液力变矩器位于自动变速器的最前端,连接在发动机的飞轮上,其作用与采用手动变速器的汽车中的离合器相似。利用油液循环流动过程中动能的变化将发动机的动力传递给自动变速器的输入轴,并能根据汽车行驶阻力的变化,在一定范围内自动地、无级地改变传动比和转矩比,具有一定的减速增矩功能。液力变矩器(图7-9)由泵轮、涡轮、导轮和锁止离合器组成。

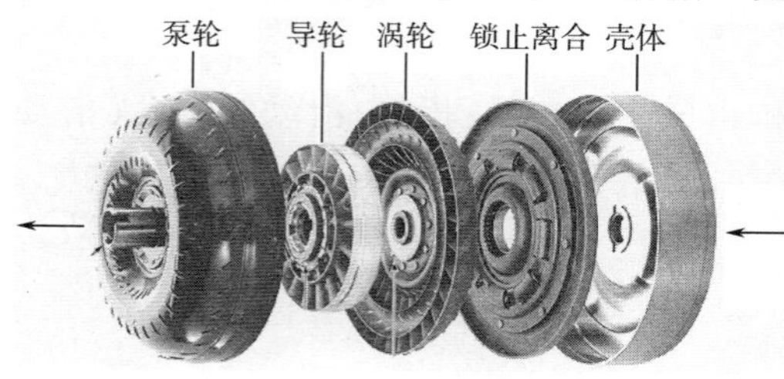

图7-9 液力变矩器

行星齿轮机构是自动变速器的重要组成部分之一,主要由于太阳轮、内齿圈、行星架和行星齿轮等元件组成。行星齿轮机构是实现变速的机构,速比的改变是通过以不同的元件作主动件/被动件和限制不同元件的运动而实现的。在速比改变的过程中,整个行星齿轮组还存在运动,动力传递没有中断,因而实现了动力换挡。

换挡执行机构主要是用来改变行星齿轮中的主动元件或限制某个元件的运动,改变动力传递的方向和速比,主要由离合器、制动器和单向离合器等组成。离合器的作用是把动力传给行星齿轮机构的某个元件使之成为主动件。制动器的作用是将行星齿轮机构中的某个元件抱住,使之不动。

液压控制系统是由阀体和各种控制阀及油路所组成的,阀门和油路设置在一个板块内,称为阀体总成(图7-10)。不同型号的自动变速器阀体总成的安装位置有所不同,有的装置于上部,有的装置于侧面,纵置的自动变速器一般装置于下部。在液压控制系统中,增设控制某些液压油路的电磁阀,就成了电器控制的换挡控制系统,若这些电磁阀是由电子计算机控制的,则成为电子控制的换挡系统。

自动变速器在工作中根据节气门开度或发动机进气歧管的真空度和汽车的行驶速度等参数自动进行换挡,自动换挡系统中各控制阀不同的工作状态将控制变速齿轮机构中离合器的分离与接合以及制动器的制动与释放,并改变变速齿轮机构的动力传递路线,实现变速器挡位

的变换。其换挡控制方式是通过机械方式将车速和节气门开度信号转换成控制油压,并将该油压加到换挡阀的两端,以控制换挡阀的位置,从而改变换挡执行元件(离合器和制动器)的油路。这样,工作液压油进入相应的执行元件,使离合器接合或分离,制动器制动或松开,控制行星齿轮变速器的升挡或降挡,从而实现自动变速。

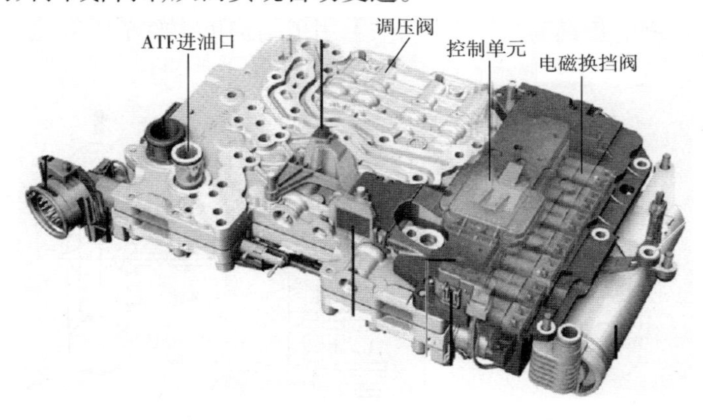

图7-10 阀体总成

电控液力自动变速器是在液力自动变速器基础上增设电子控制系统而形成的。它通过传感器和开关监测汽车和发动机的运行状态,接受驾驶员的指令,并将所获得的信息转换成电信号输入到电液压控制装置的换挡阀,使其打开或关闭通往换挡离合器和制动器的油路,从而控制换挡时刻和挡位的变换,以实现自动变速。

5 万向传动装置的作用,基本组成

在发动机前置后轮驱动的汽车上,变速器常与发动机、离合器连成一体支承在车架上,而驱动桥则通过弹性悬架与车架连接(图7-11)。变速器输出轴轴线与驱动桥的输入轴轴线难以布置得重合,并且在汽车行驶过程中,由于不平路面的冲击等因素,弹性悬架系统产生振动,使二轴相对位置经常变化。变速器的输出轴与驱动桥输入轴不可能刚性连接,而必须采用一般由两个万向节和一根传动轴组成的万向传动装置。

图7-11 变速器与驱动桥之间的两万向节万向传动装置

万向传动装置一般由万向节和传动轴组成,有时还加装中间支承。以可靠地实现轴线相交且相对位置经常变化的转轴之间的动力传递。一般汽车上所用的万向节多为普通十字轴万向节。

万向传动装置除了用在发动机前置后轮驱动汽车的传动轴上,还用在发动机前置前驱动的汽车上,如图 7-12 所示。由于前轮作为驱动轮,行驶时要接受传动轴传过来的转矩,同时作为转向轮,在转向时要偏摆,又由于此类汽车多采用独立悬架,行驶时车轮还有上下的跳动,因此将动力从差速器传到车轮的传动轴运动状况十分复杂。为保证传动轴能适应这些变化,在这些复杂的情况下可靠的传递动力,其传动轴上用了结构更为复杂的等速万向节(图 7-13)。

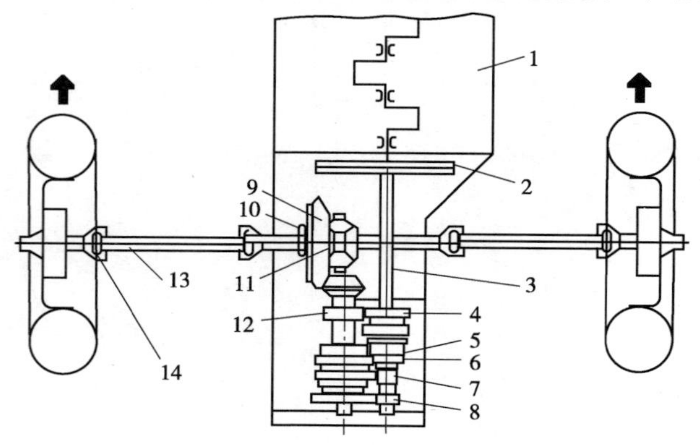

图 7-12　桑塔纳轿车传动系统示意图

1-发动机;2-离合器;3-变速器输入轴;4-输入轴四挡齿轮;5-输入轴三挡齿轮;6-输入轴二挡齿轮;7-输入轴倒挡齿轮;8-输入轴一挡齿轮;9-主传动齿轮;10-车速表传动齿轮;11-差速器;12-主减速器主动齿轮;13-传动轴;14-万向节

❻ 主减速器及差速器的作用,基本组成及工作原理

主减速器的作用是进一步减速增扭,并根据布置改变转矩的方向。

主减速器有单级式、双级式、单速式、双速式等。单级主减速器只有一对锥齿轮传动。

纵置发动机的汽车主减速器的工作原理是:利用主动锥齿轮和从动锥齿轮的啮合,将传动轴传递来的动力,经锥齿轮减速后改变转向 90°传给半轴,最后传到驱动车轮(图 7-14)。

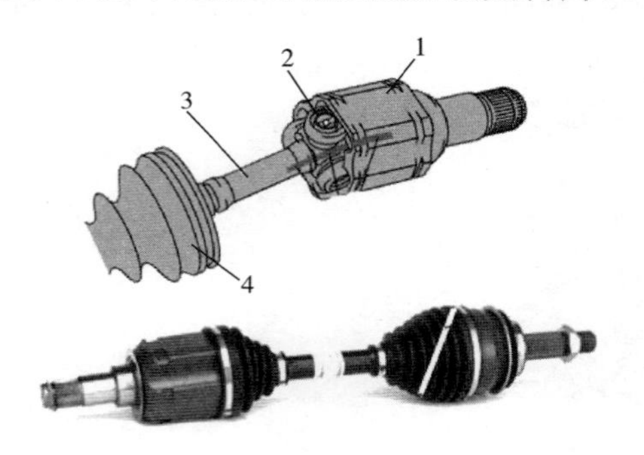

图 7-13　传动轴

1-万向节壳体;2-万向节;3-传动轴;4-橡胶护套

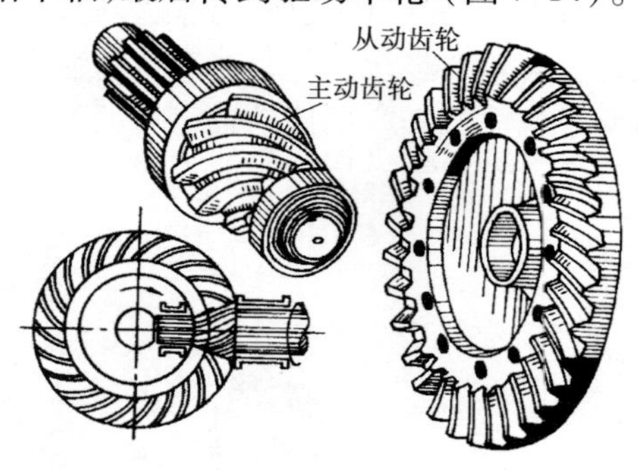

图 7-14　单级主减速器主要齿轮

事实上动力从主减速器传到半轴还经过了一个差速器。差速器的作用是当汽车转弯或在不平整的路面上行驶时,使左右车轮可以以不同的转速旋转。差速器有普通差速器和防滑差速器。普通差速器由半轴齿轮、行星齿轮和十字轴等组成(图 7-15)。

❼ 半轴及桥壳

半轴的作用是将主减速器通过差速器传来的动力传给驱动车轮,其结构如图 7-16 所示。

花键部分与差速器的半轴齿轮连接，凸缘与车轮的轮毂连接。

桥壳是驱动桥的基础件，主减速器、差速器、半轴和车轮都装在它上面。

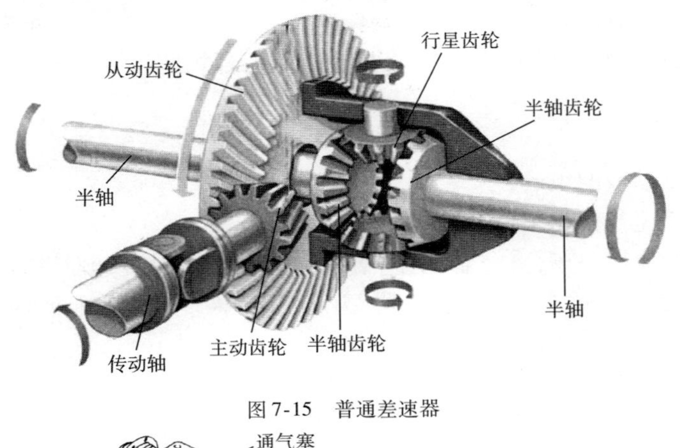

图 7-15　普通差速器

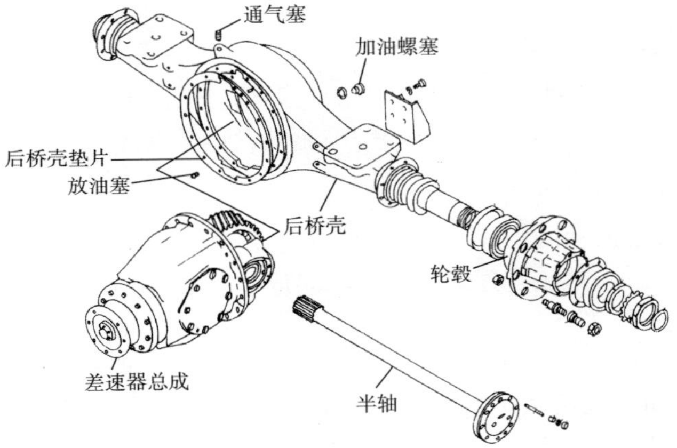

图 7-16　整体式桥壳及半轴

二、实训组织

本实训所用 14 学时，分组进行实训 4 ~ 6 人一组。

三、实训准备

每组各一辆传动系结构齐全的自动变速器和手动变速器轿车一辆、货车一辆，拆装工具一套，吊装或举升工具。

四、安全注意事项

(1)必须穿好工作服，带好防护眼镜；

(2)使用千斤顶时，在千斤顶底部放一块厚木块，举升时操作人员应在汽车的外侧；

(3)严禁用砖块等易碎物支垫千斤顶或车辆；

(4)用三角木塞住四个车轮，以确保汽车在拆卸过程中不会移动；

(5)使用汽车举升机时应注意以下几点：

将车移到举升机上,使汽车的重心落在举升机两立柱中间。举升时,支撑点一定要落在厂家规定的支撑部位,举升过程中车下不得有任何人员;举升后,必须保证保险手柄置于“工作”状态,防止在操作过程中自动下落。

(6)不得使水、油等污染场地,拆卸结束后应及时清理场地。

五、实训内容

(1)观察汽车传动系的组成;

(2)拆装手动变速器传动系;

(3)认识手动变速器轿车,离合器、变速器、万向传动装置和变速驱动桥的基本结构;

(4)认识自动变速器轿车,自动变速器、万向传动装置、传动轴和驱动桥的作用、基本组成。

六、工作步骤

1 观察驱动车轮的运动情况

(1)支起汽车驱动桥,用搁车凳或其他牢靠支撑物支撑稳(转向)驱动桥;

(2)起动发动机,挂不同挡位,观察传动轴与驱动轮运转情况。

2 手动变速器传动系拆装

以轿车传动系拆装(大众高尔夫)为例说明。

(1)拆下离合器、变速器、主减速器、差速器、总成。

①拆下蓄电池接线。

②将换挡拉索止动机构上的防松垫片(图7-17 箭头1)从变速器换挡杆(B)上的销轴拆下。将换挡杆拉索止动机构从轴销上拔下。将换向杆- A-连同拉索止动机构一起拆下。

③旋出拉索底座的固定螺栓,将拉索底座与变速器分开。

④拆下发动机和变速器上部的连接螺栓。拆下起动机。将支撑工具安装到发动机舱两边的纵梁上(图7-18)。

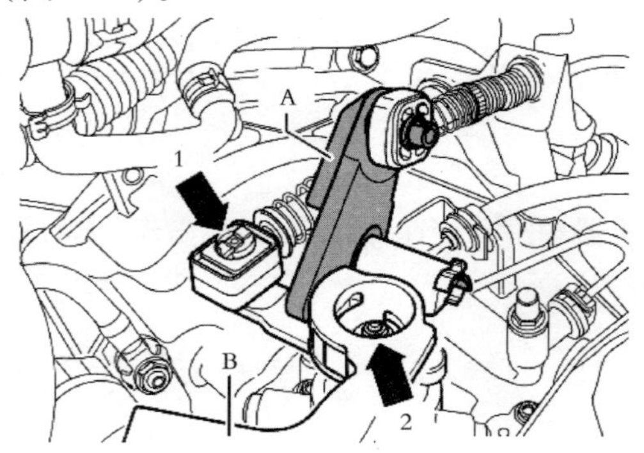

图7-17 换挡拉索

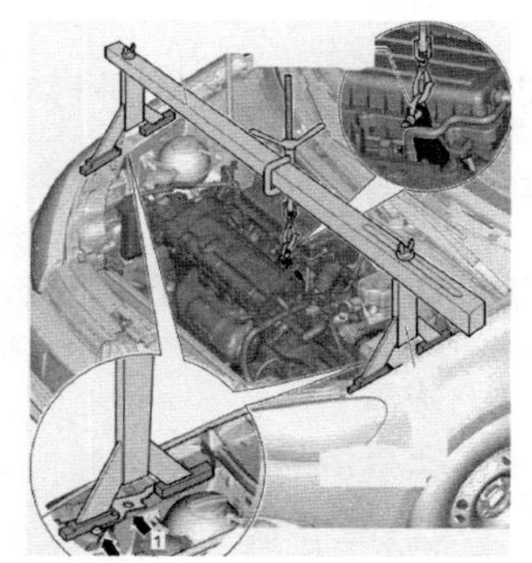

图7-18 吊装变速器总成

⑤从变速器上拆下传动轴的万向节轴。

⑥拔下倒车灯电线接头。

⑦拆掉发动机和变速器下部的连接螺栓。

⑧旋松变速器的内换挡接合器，压出支撑球头，拉出变速器的内换挡接合器。

⑨松开变速器支架固定螺栓，并将变速器支架向后移动。

⑩拆下发动机与变速器的连接螺栓。

(2)拆下传动轴(半轴)总成。

①拧松传动轴与轮毂间的固定螺母。拆下传动轴与接合盘螺栓，将传动轴与接合盘分开，从车轮轴承壳内拆出传动轴。

②拆卸传动轴时，应注意球形接头与前悬架下臂连接的位置，并从前悬架下臂上拆开球形接头。

③通常轮毂内的传动轴涂有防护剂，黏结较牢。拆卸时，应用压力装置，不允许采用加热的方法拆卸传动轴，否则，会损坏轮毂轴承。

④拆卸时，先拆下车轮，再将压力装置安装在轮毂的凸缘上，将传动轴压出。在压的程中，应注意内等角速度万向节与变速器之间的间隙。

(3)拆下离合器总成。

①将每个离合器盖与飞轮的固定螺栓稍为拧松一圈，直到弹簧所受的压力完全消失为止，以避免外壳变形。

②将离合器盖与飞轮的固定螺栓拧下。

③拆卸最后一个螺栓时，用手扶着离合器，旋出螺栓，取下离合器盖及从动盘等。

④最后从变速器上拆下分离轴承、轴承套和分离叉(图7-19)。

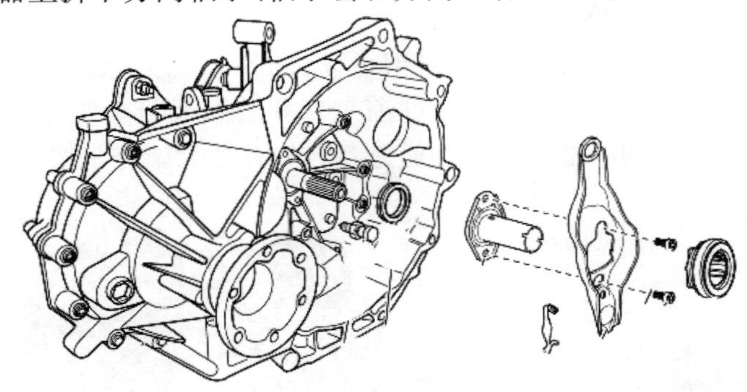

图7-19　拆下分离轴承

(4)拆下主减速器总成和差速器总成。

(5)装复轿车传动系。

按照拆卸顺序相反的步骤装复各总成，在装复中应注意装配记号。

七、学习成果

(1)懂得自动变速器和手动变速器的组成及异同点；

(2)知道前轮驱动车辆传动系各总成动力传递路线；

(3)看着汽车能说出传动系各总成的作用和安装位置。

项目8　汽车行驶系认识实训

学习目标

1. 认识行驶系各主要部件和总成；
2. 了解各主要部件、总成的安装连接关系；
3. 认识悬架和减振器。

相关知识

1 汽车行驶系的作用

汽车行驶系的功用是接受由发动机经传动系传来的转矩，并通过驱动轮与路面间附着作用，产生路面对汽车的牵引力，以保证整车正常行驶；传递并承受路面作用于车轮上的各向反力及其所形成的力矩；此外，它应尽可能缓和不平路面对车身造成的冲击和振动，保证汽车行驶平顺性。

2 汽车行驶系的基本组成

汽车行驶系一般由车架、车桥、车轮和悬架组成(图8-1)。为减少车辆在不平路面上行驶时车身所受到的冲击和振动，车桥又通过弹性前悬架和后悬架与车架连接。在某些没有整体车桥的行驶系中，两侧车轮的心轴也可分别通过各自的弹性悬架与车架连接，即为通常所说的独立悬架。

图8-1　行驶系的组成

1)车架的作用

车架是整个汽车的基础，其作用是支撑连接汽车的各零部件，并承受来自车内外的各种载荷。车桥通过悬架和车架(或承载式车身)相连，两端安装汽车车轮，其作用是传递车架(或承载式车身)与车轮之间各方向作用力。

2)车桥的作用及分类、特点

根据悬架结构的不同，车桥分为整体式和断开式两种。当采用非独立悬架时，车桥中部是

刚性的实心或空心(管状)梁,这种车桥即为整体式;断开式车桥为活动关节式结构,与独立悬架配用。

根据车桥的功能,车桥又可分为转向桥、驱动桥、转向驱动桥和支持桥四种类型。其中转向桥和支持桥都属于从动桥。一般货车多以前桥为转向桥(图8-2),而以后桥或中、后两桥为驱动桥(图8-3)。越野汽车和轿车前桥大多还同时有驱动作用,故称为转向驱动桥。

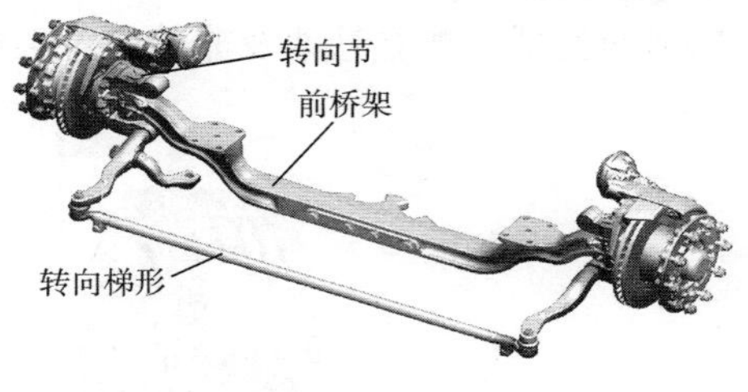

图8-2　前桥

一般高级轿车和货车后桥多为驱动桥,它的基本作用是支持车架、传递负荷到车轮上、并且将万向传动装置传来的发动机转矩传给驱动车轮,实现减速增扭(图8-3)。

3)车轮与轮胎的作用及组成

汽车车轮(图8-4)是由车轮和轮胎两大部分组成。其主要作用是:支撑汽车的质量,传递汽车与路面之间的各种力和力矩,缓和由路面传递来的冲击载荷;通过轮胎和路面之间的附着作用为汽车提供驱动力和制动力。

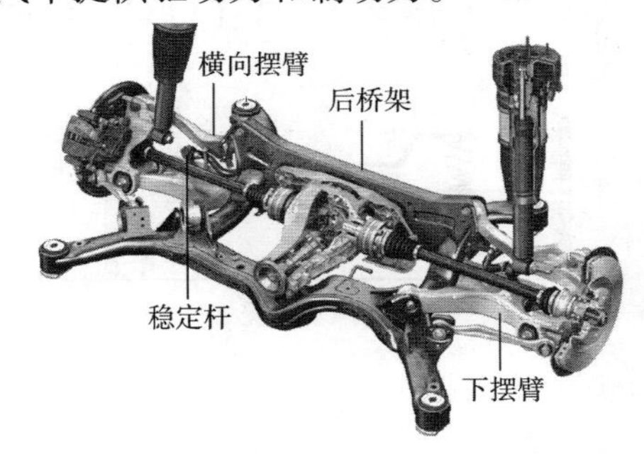

图8-3　后桥

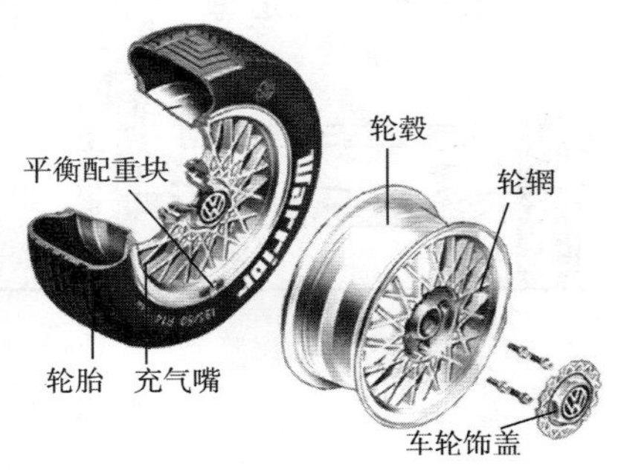

图8-4　车轮的组成

汽车车轮总成多采用盘形车轮,它由轮毂、轮辋和轮辐三个部分组成。

轮毂的构造前后车轮不尽相同。轮毂用两个锥形滚柱轴承安装在转向节枢轴上(前轮毂),轮毂具有凸缘,用以连接车轮的圆盘及制动鼓,轮胎装在轮辋上。

现代汽车几乎都采用充气轮胎。轮胎安装在轮辋上,直接与路面接触,它的作用是:和汽车悬架共同来缓和汽车行驶时所受到的冲击,并衰减由此而产生的振动,以保证汽车有良好的乘坐舒适性和行驶平顺性;保证车轮和路面有良好的附着性,以提高汽车的牵引性、制动性和通过性,承受汽车的重力。因此,轮胎必须具有适宜的弹性和承受载荷的能力。同时,在其与路面直接接触的胎面部分,应具有用以增强附着作用的花纹。

轮胎胎面花纹可分为普通花纹、越野花纹和混合花纹三大类,如图8-5所示。

汽车轮胎按胎体结构不同可分为充气轮胎和实心轮胎。现代汽车绝大多数采用充气轮胎。充气轮胎按组成结构不同,又分为有内胎轮胎和无内胎轮胎两种。充气轮胎按胎体中帘线排列的方向不同,还可分为普通斜交胎、带束斜交胎和子午线胎。

4)悬架装置的作用、分类及组成

汽车的悬架装置是将车架(或车身)与车桥弹性的连接起来。它将车架及车架所受的各种力传给车桥,缓和与吸收车轮在不平道路行驶时因车轮跳动所传给车架的撞击和振动,并传递力和力矩,保证汽车行驶时的平稳。悬架由弹性元件、减振器和导向装置三部分组成。汽车悬架的类型有独立悬架及非独立悬架两种。

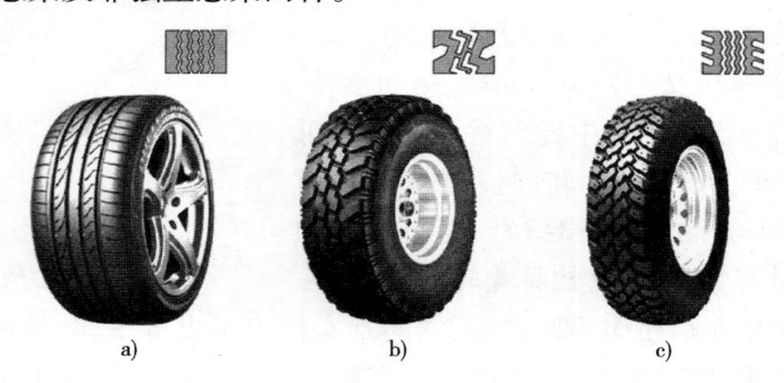

图 8-5 轮胎的花纹

a)普通花纹;b) 越野花纹;c)混合花纹

非独立悬架(图 8-6a)的结构特点是两侧的车轮由一根整体式车桥相连,车轮连同车桥一起通过弹性悬架悬挂在车架(或车身)的下面。

独立悬架(图 8-6b) 则是每一侧的车轮单独通过弹性悬架悬挂在车架(或车身)的下面。

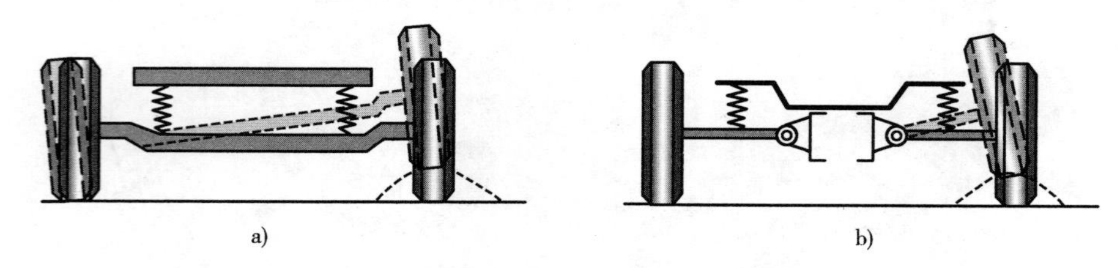

图 8-6 非独立悬架与独立悬架示意图

a)非独立悬架;b)独立悬架

汽车非独立悬架最常用的弹性元件是叶片式弹簧,俗称钢板弹簧。常见货车悬架如图 8-7 所示。

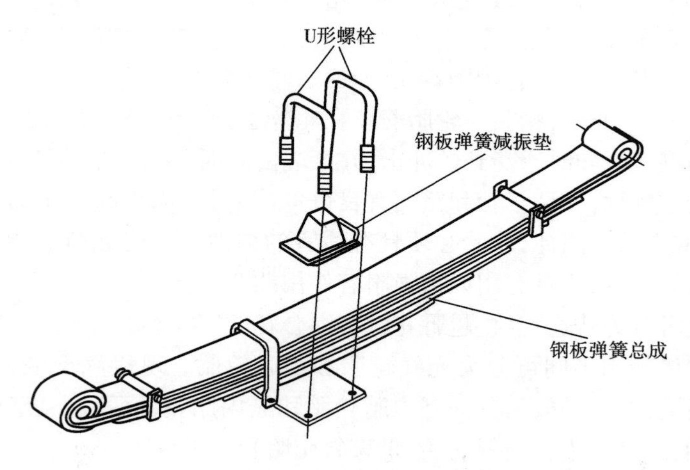

图 8-7 前钢板弹簧

独立悬架的特点是两侧的车轮各自独立地与车架或车身弹性地连接。大多采用螺旋弹簧和扭杆弹簧,而以螺旋弹簧应用最广,现代小轿车采用较多。

一般轿车的前悬架(图 8-8)都是独立悬架。采用独立悬架,可以提高汽车的乘坐舒适性

和操纵稳定性,同时有利于发动机前置、前驱动汽车传动系的布置。

有的轿车的后桥为非独立悬架式的整体摆动桥。它由后桥体、螺旋弹簧、减振器等机件组成,如图8-9所示。

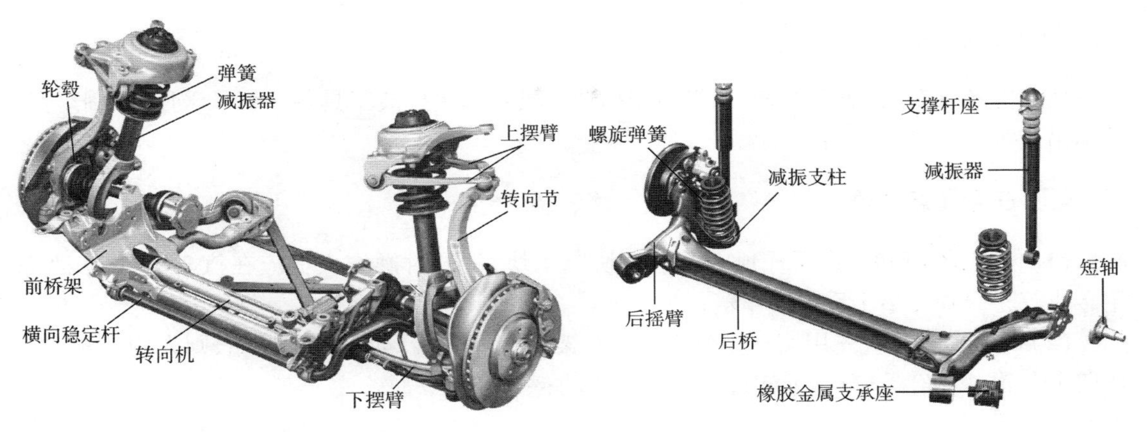

图8-8　使用螺旋弹簧的轿车独立前悬架

图8-9　奥迪A1轿车后桥

5)减振器的作用、结构及工作原理

减振器的功用是加速车架与车身振动的衰减,以改善汽车的行驶平顺性。图8-10所示为普遍使用的双向作用筒式减振器。双向作用筒式减振器的工作原理可分为压缩和伸张两个行程加以说明。

压缩行程:当汽车车轮滚上凸起或滚出凹坑时,车轮移近车架(车身),减振器受压缩,减振器活塞下移。活塞下面的腔室(下腔)容积减小,油压升高,油液经流通阀流到活塞上面的腔室(上腔)。由于上腔被活塞杆占去一部分,上腔内增加的容积小于下腔减小的容积,故还有一部分油液推开压缩阀,流回储油缸。这些阀对油液的节流便造成对悬架压缩运动的阻尼力。

伸张行程:当车轮滚进凹坑或滚离凸起时,车轮相对车身移开,减振器受拉伸。此时减振器活塞向上移动。活塞上腔油压升高,流通阀关闭。上腔内的油液便推开伸张阀流入下腔。同样,由于活塞杆的存在,自上腔流来的油液还不足以充满下腔所增加的容积,下腔内产生一定的真空度,这时储油缸中的油液便推开补偿阀流入下腔进行补充。此时,这些阀的节流作用即造成对悬架伸张运动的阻尼力。

由于伸张阀弹簧的刚度和预紧力比压缩阀的大,在同样的油压力作用下,伸张阀及相应的常通缝隙的通道截面积总和小于压缩阀及相应的常通缝隙的通道截面积总和。这就保证了减振器在伸张行程内产生的阻尼力比压缩行程内产生的阻尼力大得多。

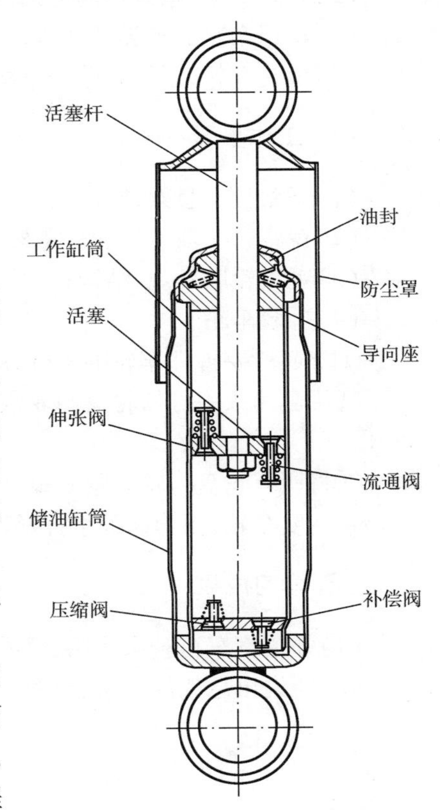

图8-10　双向作用筒式减振器示意图

二、实训组织

本实训所用1学时,分组进行实训4~6人一组。

三、实训准备

每组准备货车、轿车各一辆,每组通用拆装工具及专用拆装工具各一套。千斤顶、搁车凳、移动吊车等。

四、安全注意事项

(1)使用千斤顶时,在千斤顶底部放一块厚木块,举升时操作人员应在汽车的外侧,严禁用砖块等易碎物支垫千斤顶或车辆;

(2)拆下车轮前应先用搁车凳分别支好车架前端和后端,如不拆下轮胎,则先用三角木塞住四个车轮,以确保汽车在拆卸过程中不会移动;

五、实训内容

(1)了解行驶系各主要部件、总成的装配关系;
(2)熟悉悬架、减振器的类型,结构;
(3)认识车轮的种类及结构;
(4)拆装车轮,了解轮胎的结构。

六、工作步骤

(1)观察货车悬架结构;
(2)观察轿车前悬架和后悬架结构;
(3)观察轮胎外观、结构;
(4)拆装车轮。
①支起所要拆卸车轮的车桥,用搁车凳或其他牢靠支撑物支撑稳车桥;
②用套筒扳手拧松轮盘与轮毂紧固螺母,若力矩不足可用加力杆;轿车车轮需先将轮罩拆开;
③将所有轮盘与轮毂紧固螺母旋出,取下车轮;
④装复车轮,用套筒扳手拧紧轮盘与轮毂紧固螺母。

七、学习成果

(1)知道汽车行驶系作用、组成;
(2)能说出悬架的作用、类型。

项目9　汽车转向系认识实训

学习目标

1. 了解转向系基本结构和工作过程；
2. 了解转向系各零部件的连接关系；
3. 认识转向系各零部件。

相关知识

1 转向系的类型、结构组成及工作情况

汽车转向系，按转向能源的不同分为机械转向系和动力转向系两大类。机械转向系以驾驶人的体力作为转向能源，其中所有传力件都是机械的。机械转向系由转向操纵机构、转向器和转向传动机构三大部分组成，货车转向系一般布置情况如图 9-1 所示，轿车转向系一般布置情况如图 9-2 所示。

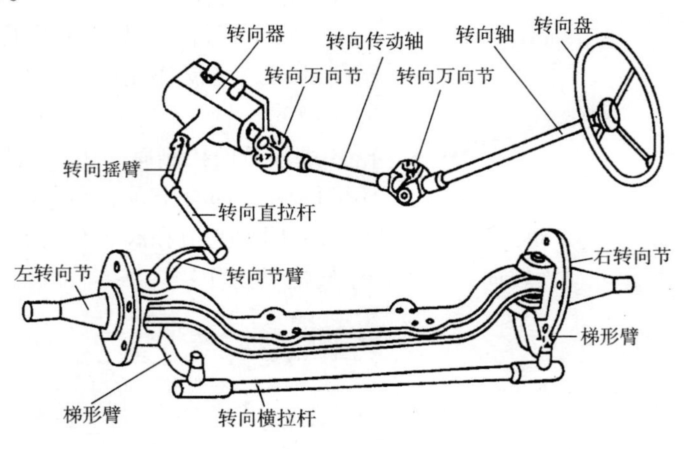

图 9-1　货车机械转向系示意图

其基本工作原理为：驾驶人转动转向盘将转矩通过转向轴传到转向器，转向器将转矩放大后通过转向摇臂、转向直拉杆使转向节臂拉动转向节，使车轮偏转而实现转向。

2 动力转向系的结构组成、特点

采用动力转向系的汽车转向所需的能量，在正常情况下，只有小部分是驾驶人提供的体能，而大部分是发动机驱动的油泵所提供的液压能。发动机驱动油泵将机械能转化为压力能，并在驾驶人控制下，对转向传动装置或转向器中某一传动件施加不同方向的液压作用力，以助驾驶人施力不足的一系列零部件，总称为转向助力装置。

轿车上常用的液压助力转向整体结构在机械转向基础上多了一套液压助力机构，它由转向油泵，转向控制阀，油箱和油管组成。在车上位置如图 9-3 所示。

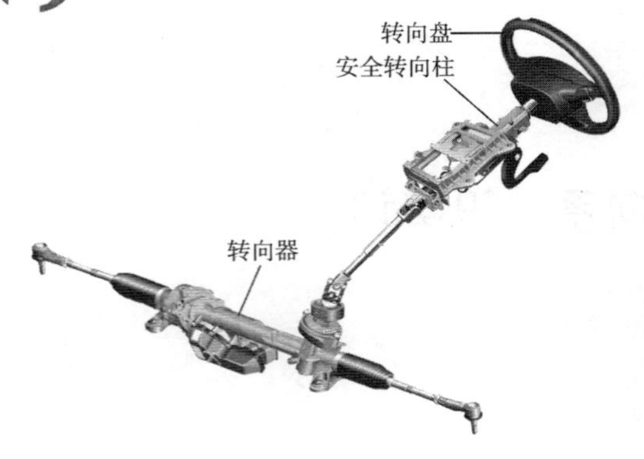

图9-2　普通轿车转向系统

图9-3　动力转向系统在车上的位置

液压动力转向装置的基本结构如图9-4所示。主要由储油罐和液压油散热器、转向油泵、转向控制阀、转向动力缸及机械式转向器等几部分组成。

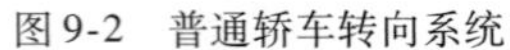

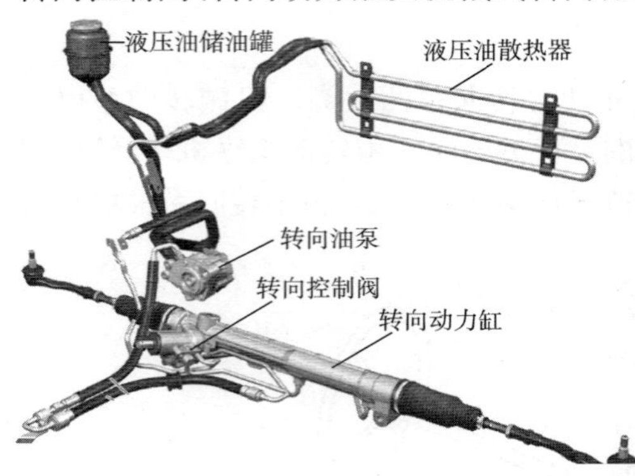

图9-4　液压动力转向装置的基本构成

❸ 液压动力转向系统工作过程

液压动力转向系统工作过程如图9-5所示。转向齿轮轴4和转向齿轮3制成一体,转向控制阀的滑动阀芯5套在转向齿轮轴上,两边用限位板起固定位置的作用。

当汽车直行时,转向盘置于中间位置,转向控制阀的阀芯受反作用弹簧的作用力,被限位板约束在中间位置,转向油泵输送来的高压油从进油孔B进入转向控制阀。由于阀体外环脊和阀体内环槽的两边都有空隙,所以动力缸两边油腔的压力相等,动力活塞不会发生移动,回油经阀芯两边的回油通道和阀芯与转向齿轮轴之间的间隙从回油孔A流回储油罐。动力转向装置不产生转向助力作用。

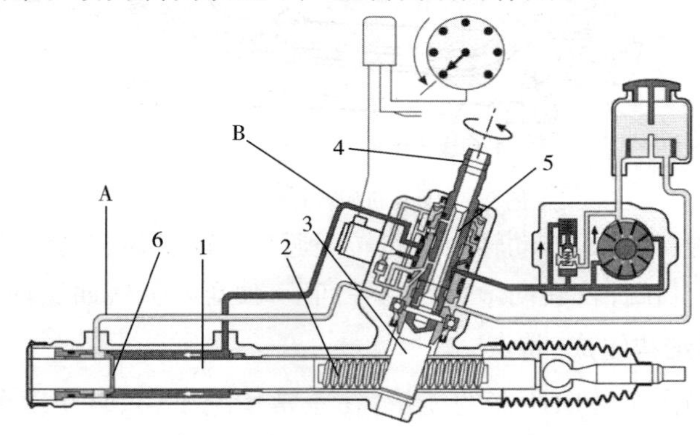

图9-5　滑阀式转向控制阀及液压动力转向装置工作原理图

1-动力缸;2-转向齿条;3-转向齿轮;4-转向齿轮轴;5-转向控制阀滑动阀芯;6-动力活塞;A-进油孔油泵来油;B-回油孔去储油罐

当驾驶人如图9-5所示方向向左转动转向盘时,由于转向齿轮是斜齿,所以在驱动转向齿条2向图示箭头方向移动的同时,转向齿轮也会受到轴向的反作用推动力,这个推力使转向齿

轮轴如图示箭头方向向上移动，此时限位板推动反作用柱塞，压缩反作用弹簧，带动控制阀阀芯向上移动，压力油从进油孔进入转向动力缸右腔，推动动力活塞向左移动。动力缸左腔的油回流经阀芯两边的回油通道和阀芯与转向齿轮轴之间的间隙从回油孔A流回储油罐。动力转向装置产生转向助力作用。

当驾驶人向左转动转向盘时，转向齿轮受到的反作用轴向推动力与向右转向时相反，所以控制阀的阀芯向下移动，整个装置的工作原理与向右转向时相同，只是压力油的流动方向相反。

当液压系统发生故障时，将失去转向助力作用，这时转向齿轮可以直接驱动转向齿条，以机械式转向的方式满足基本的转向操纵要求。

二、实训组织

本实训所用2学时，分组进行实训4～6人一组。

三、实训准备

每组准备转向装置齐全的货车、轿车各一辆，每组通用拆装工具及专用拆装工具各一套。千斤顶或举升机、搁车凳、移动吊车等。

四、安全注意事项

(1)使用千斤顶时，在千斤顶底部放一块厚木块，举升时操作人员应在汽车的外侧，严禁用砖块等易碎物支垫千斤顶或车辆；

(2)顶起前桥时应用搁车凳支好车架前端，后轮用三角木塞住，以确保汽车在空打方向盘和在拆卸过程中不会移动；

(3)用汽车举升机时应注意将车移到举升机上，使汽车的重心落在举升机两立柱中间，举升时，支撑点一定要落在厂家规定的支撑部位。

五、实训内容

(1)认识汽车转向系的基本结构；

(2)了解液压助力转向系基本结构；

(3)观察机械转向系各部分的连接关系和运动情况。

六、工作步骤

(1)观察转向系的结构组成，各主要部件的名称及安装位置。

(2)观察转向系的工作过程和各机构的动作。

①将汽车前桥用千斤顶顶起一定高度后用搁车凳固定住，悬空前轮。

②转动转向盘，观察车轮偏摆和其他转向机构运动情况。

③将车放置回地面，转动转向盘，体会有转向助力与无转向助力的区别(操作时应起动发动机，保持变速器在空挡位置)。

(3)拆装机械转向系。

①转向装置拆卸。

a. 拆下转向机构的转向万向节和传动轴的紧固螺栓,卸下传动装置总成。

b. 拆下转向盘上的喇叭按钮组件,拧出转向盘固定螺母,用顶拔器把转向盘卸下。

c. 拆下转向轴力固定支架与上盖板的固定螺栓,卸下转向轴套管和上转向轴总成。

d. 拆下转向臂紧固螺母,卸下转向臂,再拆下转向器在车架上的紧固螺栓,卸下转向器总成。

②转向传动装置拆卸。

拆下横拉杆和直拉杆。注意拆卸球头销时,不得用锤子敲击球头销,应使用顶拔器将其拆出。

③装复转向传动装置和转向装置。

按照拆卸顺序相反的步骤装复转向传动装置和转向装置。

(4)拆装动力转向系。

①拆卸转向助力器总成(图 9-6)。

a. 拆下回油管和压力管。

b. 拆下转向控制阀螺栓。注意:应在转向控制阀和蜗杆上做好标记,以便装复。

c. 松开球头销螺母,用顶拔器拆下纵拉杆。

d. 拆下转向助力器在车架上的固定螺栓,卸下转向助力器总成。

②拆卸转向油泵总成(图 9-7)。

a. 松开带张紧器后,拆下带轮紧固螺母,取下带轮。

b. 将储液器内的液压油倒入盛油器中。

c. 分别拆下压力管和回油管,并将管内的油液也倒入盛油器中。

d. 拆下转向油泵的固定螺栓,卸下转向助力油泵总成。

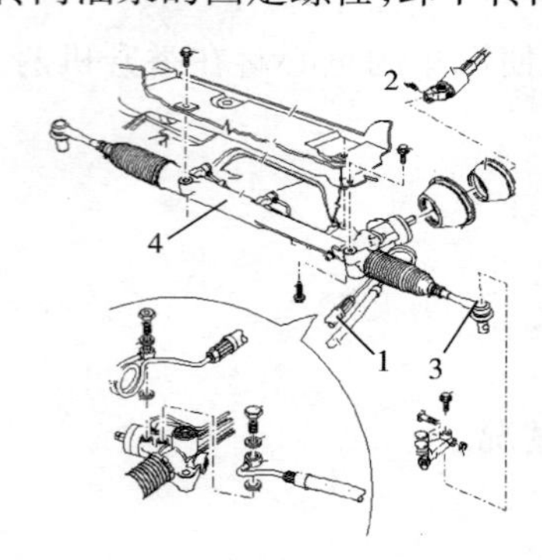

图 9-6 从车上拆下转向助力器

1-压力管和回油管;2-转向控制阀螺栓;3-横拉杆;4-转向助力器总成

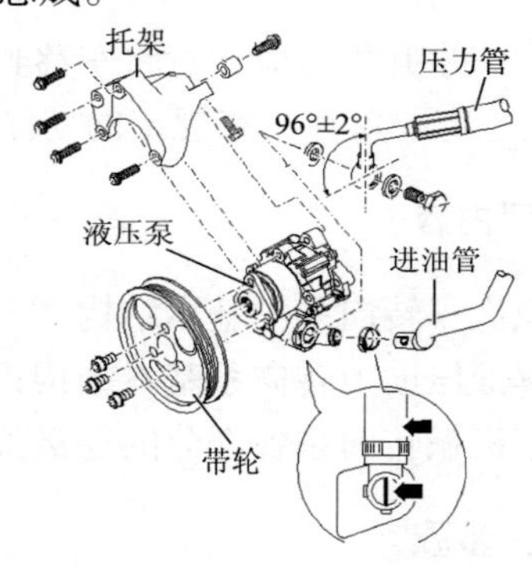

图 9-7 从车上拆下转向油泵

③转向助力器总成装复。

a. 先对正装配标记,把转向助力器总成装到车架上,拧紧固定螺栓。

b. 把纵拉杆装到转向臂上,拧上球头销螺母,并装好开口销。

c. 拧紧转向臂上的紧固螺母。

d. 按转向控制阀和蜗杆上原标记,装上转向控制阀螺栓,将螺栓拧紧。

e. 接上回油管和压力管的接头,分别将管接头拧紧。

④转向油泵装复(图9-8)。

a.按原装配标记将油泵总成装车,拧紧固定螺栓。

b.装上压力管和回油管的管接头。

c.装上驱动带,并调好驱动带的张紧力。

d.在储液器中加足液压油,然后排除转向助力系中的空气。

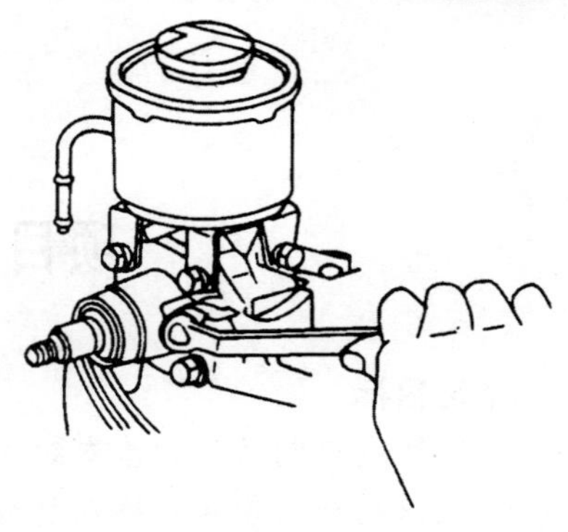

图9-8　转向油泵装复

七、学习成果

(1)能说出转向系各部件名称;

(2)知道动力转向系的特点。

项目10　制动系认识实训

学习目标

1. 了解汽车制动系的基本组成和结构；
2. 认识制动系各零部件及总成；
3. 观察制动系的工作情况。

相关知识

1 汽车制动系的功用

汽车制动系的功用是使汽车按驾驶人的意志迅速减速、停车和可靠停驻。制动系分为行车制动和驻车制动，前者又称脚制动或脚刹，后者也称手制动或手刹。通常在汽车上行车制动和驻车制动是两套相互独立的制动系统。

2 汽车制动系的类型及工作原理

汽车常用制动系按制动力源及传力介质通常可分为气压制动系统和液压制动系统。

1）液压制动系统的组成及工作原理

液压制动系统通常由制动主缸、制动液储箱、真空助力器、车轮制动器、制动轮缸、制动管路等组成。液压制动装置组成如图10-1所示。

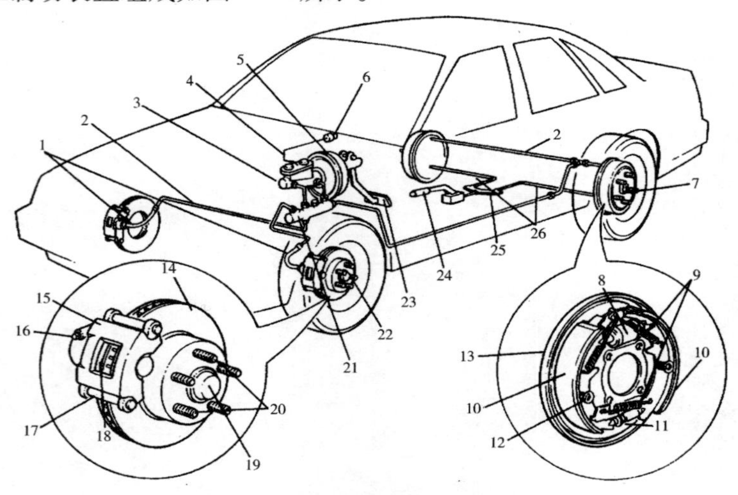

图10-1　液压制动系的组成

1-制动软管；2-制动管路；3-制动主缸；4-制动液储箱；5-真空助力器；6-制动警示灯；7-制动鼓；8-制动轮缸；9-复位弹簧；10-制动蹄；11-制动调整装置；12-制动摩擦片支销；13-背板；14-制动盘；15-制动卡钳；16-放气阀；17-导向销；18-制动垫块；19-防尘帽；20-车轮紧固螺栓；21-组合阀；22-车轮轮毂；23-制动踏板；24-驻车制动拉手；25-驻车制动器调整装置；26-驻车制动器拉索

液压制动系统工作原理如图 10-2 所示：当制动踏板 4 被踩下时，制动液由制动主缸 5 中的活塞推动压出，经油管同时分别进入前后各车轮的制动轮缸 6 和制动钳 2 中，将制动蹄或制动块推向制动鼓或制动盘，产生制动。

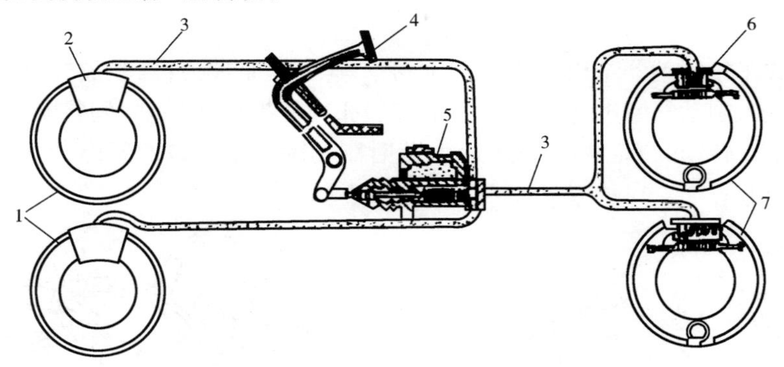

图 10-2　液压制动系工作过程

1-前轮制动器；2-制动钳；3-制动管路；4-制动踏板；5-制动主缸；6-制动轮缸；7-后轮制动器

2）气压制动系统的组成及工作原理

气压制动系统通常由空气压缩机、制动控制阀、储气筒、湿储气筒、制动气室、安全阀、三通阀、低压报警开关、单向阀、挂车制动阀、分离开关、气压表、气压调节器、管路等组成（图 10-3）。

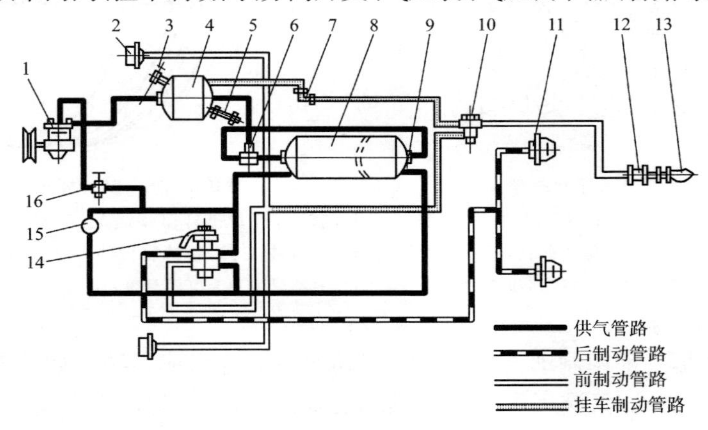

图 10-3　气压制动系的组成

1-空气压缩机；2-前制动气室；3-放气阀；4-湿储气筒；5-安全阀；6-三通阀；7-低压报警开关；8-储气筒；9-单向阀；10-挂车制动阀；11-后制动气室；12-分离开关；13-连接头；14-制动控制阀；15-气压表；16-气压调节器

当踩下制动踏板时，拉杆拉动制动控制阀拉臂，使制动控制阀 14 工作，储气筒 8 前腔的压缩空气便通过制动控制阀上腔进入后制动气室 11，使后轮制动；同时，储气筒后腔的压缩空气通过制动控制阀下腔进入前制动气室 2，使前轮制动。与此同时，前制动管路接通挂车制动阀 10，将由湿储气筒 4 通向挂车的通路切断。由于挂车采用断气制动，所以挂车也同时制动。

3 制动器结构及工作过程

1）鼓式车轮制动器

（1）液压式。

液压鼓式车轮制动器的结构如图 10-4 所示。制动时，两制动蹄在轮缸液压作用下，绕支撑蹄片的偏心调整螺钉 1 的轴线向外旋转张开,压靠在旋转的制动鼓上,制动蹄与制动鼓之间产生摩擦力矩,其方向与车轮的旋转方向相反,对车轮产生制动作用。解除制动时,油压撤除,两制动蹄在复位弹簧 10 作用下回位。

(2)气压式。

气压式鼓式车轮制动器结构如图 10-5 所示。其工作原理为:驾驶员踩制动踏板时,压缩空气通过管道进入制动气室 1,通过膜片克服弹簧张力使推杆 2 运动,调整臂受推杆力转动的同时带动凸轮轴 6 转动,凸轮 9 推开制动蹄,此时制动蹄与制动鼓的间隙消失,进而产生制动力,阻碍车轮运动。

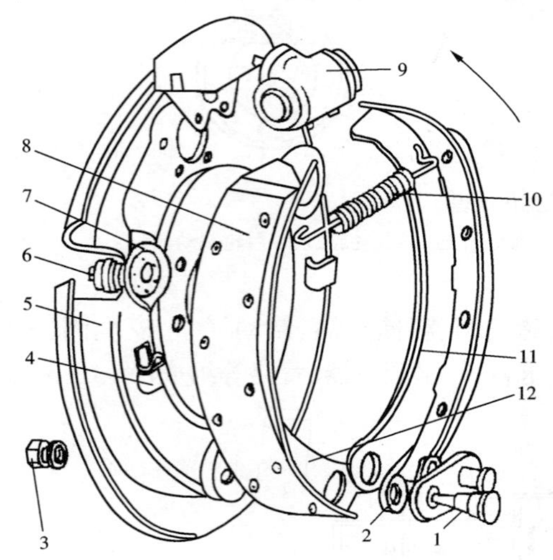

图 10-4 液压鼓式车轮制动器

1-偏心调整螺钉;2-垫圈;3-锁止螺母;4-托架;5-制动底板;6-偏心轮调整螺钉;7-偏心轮;8-制动摩擦片;9-制动轮缸;10-复位弹簧;11、12-制动蹄

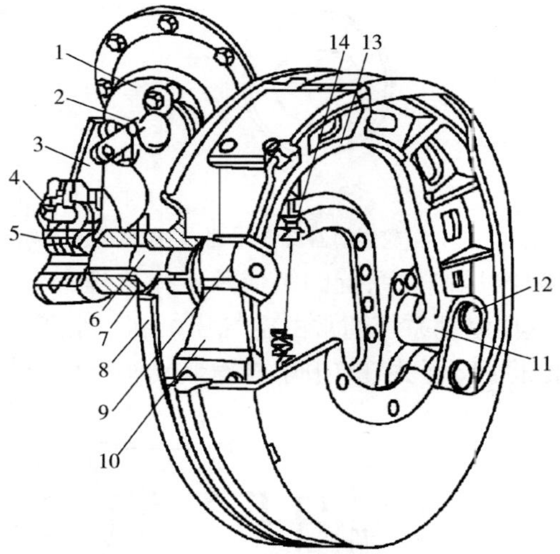

图 10-5 气压式鼓式车轮制动器

1-制动气室;2-推杆;3-调整臂;4-蜗杆;5-蜗轮;6-制动凸轮轴;7-支架;8-制动底板;9-制动凸轮;10、13-制动蹄;11-支撑销座;12-摩擦片轴;14-复位弹簧

2)盘式车轮制动器

盘式车轮制动器一般由制动盘、制动片、制动钳总成等组成。结构如图 10-6 所示。工作过程图 10-7 所示。制动时,液压作用力 P_1 推动活塞,使内侧制动块压靠制动盘 4,同时钳体 1 上受到的反力 P_2 使钳体连同固装在其上的外侧制动块靠到盘 4 的另一侧面上,制动钳及其上的制动块相对车轮是不转动的,从而与随车轮转动的制动盘 4 产生了摩擦力,该摩擦力的方向与车轮转动的方向相反,阻碍车轮转动,产生制动作用。

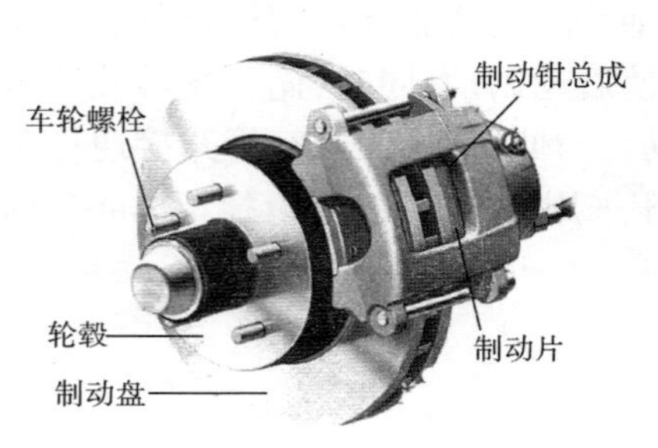

图 10-6 盘式车轮制动器

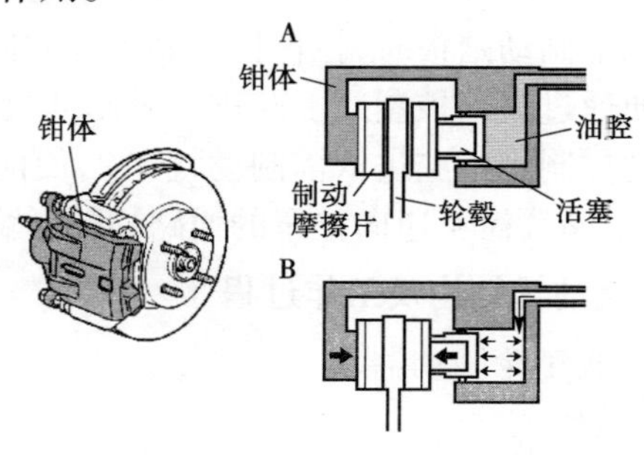

图 10-7 盘式车轮制动器工作过程

3）驻车制动器

驻车制动器的作用是使停驶的汽车可靠地停驻；便于在坡道上起步；行车制动器失效后临时使用或配合行车制动器进行紧急制动。多数汽车的驻车制动器设置在传动系上，一般安装在变速器或分动器之后，也有的安装在主减速器前端。所以这类制动器又称为中央制动器。一般轿车是在后桥制动器中加装一套机械操纵机构，使行车制动器又兼驻车制动器的功能。

驻车制动器有盘式和鼓式（图 10-8）两种，结构和行车制动器大同小异，只是传动机构为机械式。

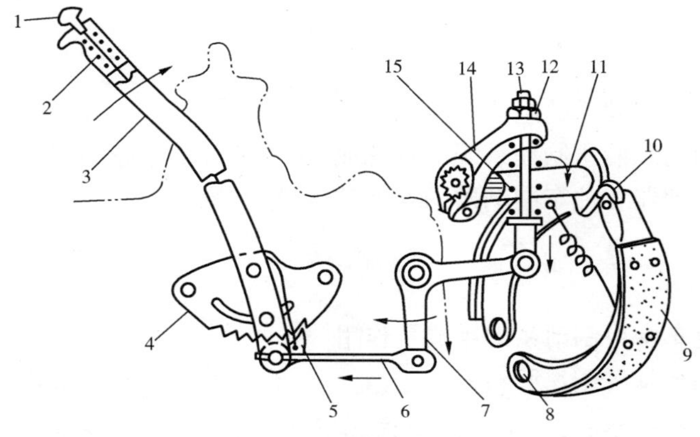

图 10-8 鼓式驻车制动器

1-操纵按钮；2-拉杆弹簧；3-驻车制动杆；4-齿扇；5-锁止棘爪；6-传动杆；7-摇臂；8-偏心支承销；9-制动蹄；10-滚轮；11-凸轮轴；12-调整螺母；13-拉杆；14-摇臂；15-压紧弹簧

4）电子驻车制动器

电子驻车制动器通过内置在其电脑中的纵向加速度传感器来测算坡度，从而可以算出车辆在斜坡上由于重力而产生的下滑力，电脑通过驱动部件对后轮施加制动力来平衡下滑力，使车辆能停在斜坡上。其主要由盘式制动器及安装在制动器卡钳后方的驱动部件构成（图 10-9）。

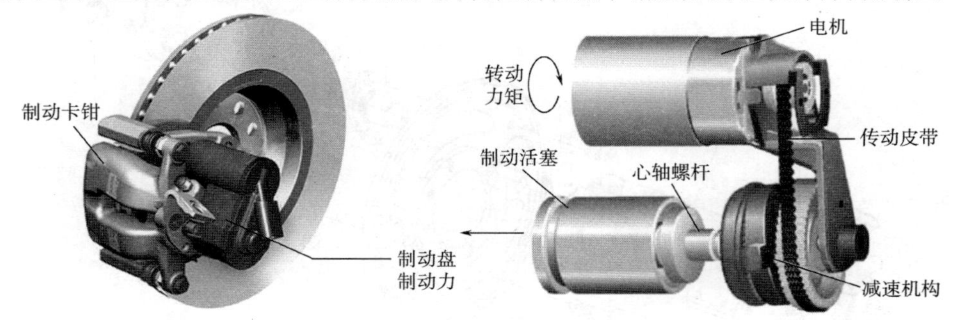

图 10-9 电子驻车制动器

实训组织

本实训所用 2 学时，分组进行实训每 4-6 人一组。

实训准备

每组准备技术状态良好的、结构为前盘后鼓制动器的汽车一辆，鼓式制动器、盘式制动器各一个,通用及专用工具各一套,举升机或千斤顶、搁车凳。

四、安全注意事项

(1)在使用举升机或千斤顶、搁车凳时,必须严格遵守操作规程;
(2)不得将拆下的零部件乱扔;
(3)在确定确保安全之前,不得钻入车底观察;
(4)不得随意发动发动机和驾驶车辆行驶。

五、实训内容

(1)观察了解汽车制动系的组成和制动时的工作情况;
(2)拆装气压制动和液压制动系统的各总成、主要部件及车轮制动器;
(3)观察行车制动器和驻车制动器的安装位置、结构及动力源。

六、工作步骤

1 观察了解汽车常用制动系的组成及作用

(1)由指导教师驾驶汽车作紧急制动实验,学生观察和体会制动过程;

(2)将汽车用举升机举起,或用千斤顶顶起置放于搁车凳上,观察制动系的组成,踏制动踏板,模拟制动过程。

2 拆装车轮制动器

(1)拆装气压制动鼓式车轮制动器(图10-10)。

①用专用套筒拆下轮毂轴承锁紧螺母,依次取出锁紧垫圈及相关零件;

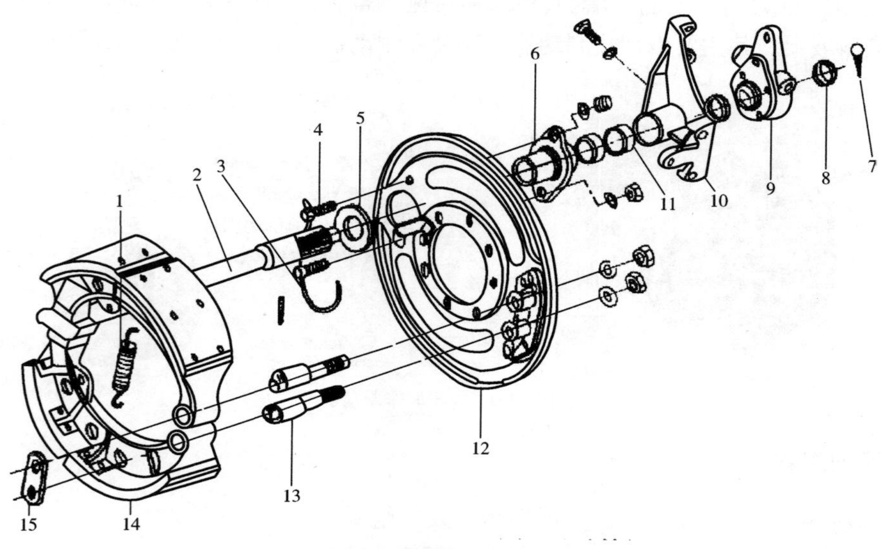

图10-10 制动器的分解(后轮)

1-复位弹簧;2-制动凸轮轴;3-钢丝锁线;4-螺栓;5-支承垫圈;6-支承座;7-开口销;8-垫圈;9-调整臂总成;10-支架;11-衬套;12-制动底板;13-制动蹄轴销(偏心销);14-制动蹄;15-垫板

②拆下轮毂调整螺母，取下轴承，卸下轮毂总成。

a. 观察制动蹄片的驱动方式；

b. 用专用弹簧钩拆下复位弹簧；

c. 从制动蹄轴销上拆下两个开口销，取下垫板和两个制动摩擦片总成；

d. 按与拆卸相反的顺序装回制动器。

(2)液压式盘式车轮制动器的拆装(图10-11)。

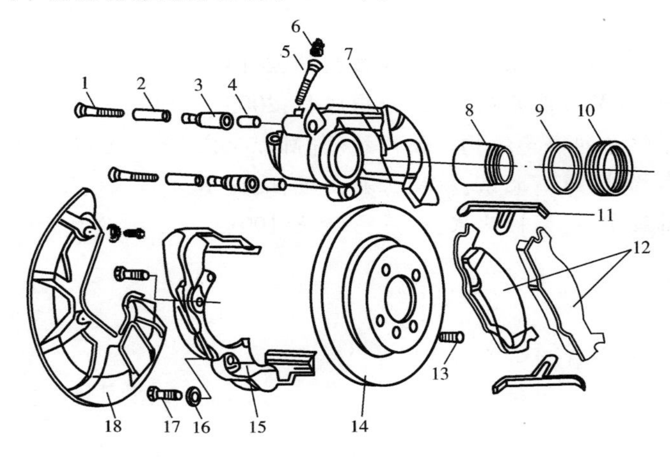

图10-11　盘式车轮制动器

1、17-螺栓；2-导向钢套；3-橡胶衬套；4-塑料套；5-放气螺塞；6-防尘套；7-制动钳壳体；8-活塞；9-密封圈；10-防尘罩；11-保持弹簧；12-摩擦块；13-制动盘固定螺钉；14-制动盘；15-制动钳支架；16-弹簧垫圈；18-防溅盘

①将汽车支起，拆下轮胎螺母，取下车轮；

②用专用工具拆下制动油管，并将制动液放入容器中；

③用内六角扳手拆下连个制动钳壳体的固定螺栓，取下制动钳壳体总称；

④从制动钳壳体上拆下保持弹簧和摩擦块等；

⑤取下活塞防尘罩；

⑥用压缩空气对进油孔吹气，取出活塞及密封圈；

⑦拆下制动钳支架固定螺钉，取下制动盘；

⑧取下防溅盘；

⑨安于拆卸相反的顺序装回制动器。

七、学习成果

(1)知道一般液压制动系统的组成；

(2)能说出液压制动系统与气压制动系统的同异点；

(3)能认识制动系各零部件。

参考文献

[1] 陈家瑞.汽车构造[M].北京:人民交通出版社,2013.
[2] 王忠亭.汽车概论[M].北京:机械工业出版社,2003.
[3] 李桐.新编桑塔纳系列轿车结构与使用维修[M].北京:金盾出版社,2003.
[4] 唐艺.新编汽车构造[M].北京:机械工业出版社,1998.
[5] 叶菁银.汽车拆装实习[M].北京:金盾出版社,1998.